Da Repetição
À DINÂMICA DA MENTE

Cynthia C. S. de A. Maranhão

Da Repetição
À DINÂMICA DA MENTE

© 2013 Casapsi Livraria e Editora Ltda.
É proibida a reprodução total ou parcial desta publicação, para qualquer finalidade,
sem autorização por escrito dos editores.

1ª Edição	*2013*
Editor	*Ingo Bernd Güntert*
Gerente Editorial	*Fabio Alves Melo*
Coordenadora Editorial	*Marcela Roncalli*
Assistente Editorial	*Cíntia de Paula*
Produção Editorial	*Casa de Ideias*

Dados Internacionais de Catalogação na Publicação (CIP)
Angélica Ilacqua CRB-8/7057

Maranhão, Cynthia C. S. de A.
    Da repetição à dinâmica da mente / Cynthia C. S. de A. Maranhão. –
São Paulo : Casa do Psicólogo, 2013.

ISBN 978-85-8040-176-9

1. Psicologia 2. Síndrome do pânico 3. Angústia 4. Radicalização
I. Título

13-0004	CDD 616.8522

Índices para catálogo sistemático:
1. Síndrome do pânico – psicologia

Impresso no Brasil
Printed in Brazil

As opiniões expressas neste livro, bem como seu conteúdo, são de responsabilidade de seus
autores, não necessariamente correspondendo ao ponto de vista da editora.

Reservados todos os direitos de publicação em língua portuguesa à

Casapsi Livraria e Editora Ltda.
Rua Simão Álvares, 1020
Pinheiros • CEP 05417-020
São Paulo/SP – Brasil
Tel. Fax: (11) 3034-3600
www.casadopsicologo.com.br

Ao meu pai, Isnard
A minha mãe, Lia
Ao meu irmão, Alexandre
Ao meu sogro, Fernando
A minha amiga, Maria Carmen

Todos *in memoriam*

PREFÁCIO

• • •

Quando precisei definir o tema para a monografia do curso de Pós-graduação em Teorias Clínicas, meu interesse voltou-se para o Eu, especificamente para estudar a forma como ele se estruturava na abordagem psicanalítica. Hoje, anos mais tarde, sigo o mesmo trajeto intelectual, movida pelo mesmo interesse, mas apresento neste livro um novo ponto de partida para a compreensão do Eu: a formação do padrão repetitivo psicológico com sua teia associativa. Isso implica voltar a estudar a estruturação do Eu, só que segundo nova abordagem, a qual teve seu ponto de partida na psicanálise, no fenômeno das repetições (transferência), mas que divergiu profundamente na forma de entendê-las, chegando a conceitos teóricos e técnicos totalmente diferentes.

Para chegar a essas conclusões, resultantes do estudo das repetições, tive o auxílio de duas experiências anteriores: a primeira se deu antes da Pós-graduação, quando fiz algumas incursões na área da literatura e me senti atraída pela Teoria Literária, que me fez apreciar melhor um bom texto ficcional; captar a metáfora humana que se revela sob o discurso literário; observar que a interpretação do texto pode variar de leitor para leitor, além de poder divergir da intenção do autor. Sem ter noção de que estava transferindo meu aprendizado em literatura para a psicanálise, comecei a buscar a essência daquilo que o paciente percebia, pensava, sentia, expressava, a não me deixar levar por minhas interpretações como "leitora". O resultado disso foi checar com o paciente a essência do que estava sendo vivido e observar que determinadas essências se repetiam, começando a dar forma ao padrão repetitivo psicológico, individual.

O segundo auxílio veio da própria psicanálise. Na época da Pós-graduação, tomei a providência de ser psicanalisada, no intuito de viver a experiência de autoconhecimento, de testar se a técnica era efetiva e de aprendê-la, caso ela me satisfizesse, o que eu pensava ser inevitável. Saí dela paradoxalmente entusiasmada e decepcionada. *Entusiasmada* porque tinha um caminho a seguir: buscar as repetições que aprisionam o indivíduo (havia sido isso o que eu tinha valorizado na minha psicanálise, apesar de tomar consciência de apenas uma repetição, de forma bastante superficial, mas de grande impacto para minha vida pessoal); *decepcionada* porque estava desiludida com a técnica. Não acreditava mais na técnica psicanalítica. As interpretações eram falhas, não sentia ressonância interna. Entretanto, eu me sentia inacreditavelmente bem e segura para encetar um estudo por minha própria conta. De onde vinha aquela segurança, se não da técnica? Passei a analisar minha própria análise, o que tinha me levado a me sentir segura; então, tracei um objetivo no trabalho: levar as pacientes aonde eu chegara, sem passar necessariamente pelo que eu passara (o processo psicanalítico e as quebras da técnica, às quais atribuía meu bem-estar), avisando as pacientes de que elas estavam participando de um estudo, que, como tal, era gratuito (sugestão de uma paciente, que adotei de imediato, por achá-la coberta de razão).

Eu tinha uma noção do que deveria fazer no atendimento clínico: buscar as repetições aprisionantes que infelicitavam ou atrapalhavam o indivíduo e ajudar as pacientes a quebrá-las, embora estivesse muito longe de onde haveria de chegar e do esforço que teria que despender. Este livro começa quando me deparo, no atendimento a uma paciente, com uma repetição fora da sessão psicanalítica. Tudo mais foi decorrência desse encontro: observações, reflexões, conclusões tiradas a partir de hipóteses levantadas, checadas, confirmadas, outras tantas frustradas, refeitas, repensadas, num estudo solitário, longo (anos a fio), de um esforço insano que, no final, revelou-se compensador.

Apresentação

• • •

O que quero sugerir, neste livro, é a existência de um padrão repetitivo psicológico constituído por percepções, pensamentos, sentimentos, emoções, necessidades, desejos, impulsos e comportamentos interligados a partir das percepções, numa relação que me parece de causa e efeito, formando uma teia associativa integrada, que é posta automaticamente em ação toda vez que o meio ambiente é percebido como tendo determinado significado.

O que quero apresentar, através do estudo de casos, é a cadeia em que esse padrão nos aprisiona. Veremos sua estruturação, seu ponto de partida na infância, sua repetição ao longo do tempo e, talvez o mais importante, a teia associativa que lhe dá sustentação. Veremos situações mudarem, mas seu significado permanecer o mesmo, e com isso o indivíduo se repetir, se repetir e se repetir. E aí veremos que essa repetição nada mais é do que o Eu do indivíduo – porque o Eu, se característico, há que ser repetitivo; nesse Eu, nesse padrão repetitivo, encontra-se também a patologia, que já está interiorizada desde a infância. Veremos que o Eu é fruto da genética, porque vem se articulando desde as primeiras reações ao meio ambiente, que, aliado à genética, modela a identidade psicológica do indivíduo. Veremos o processo associativo que interliga os componentes do padrão arrastando o Eu pelos meandros dos pensamentos, emoções, sentimentos, desejos, necessidades e impulsos, partindo da percepção e chegando ao comportamento, de uma forma automática que nos mostra a dinâmica da mente.

Este livro tramita entre a repetição e a dinâmica da mente, de uma forma que me parece clara e lógica e que pode interessar a qualquer leitor que se sinta atraído por psicologia – mais especificamente por emoções e comportamentos. Acho também que ele é importante para estudantes da área e profissionais dedicados ao atendimento psicoterápico, como psicólogos clínicos, psicanalistas e psiquiatras, porque pode trazer um sopro renovador, um novo caminho de observação e reflexão.

Agradeço a todas as minhas pacientes que aqui foram retratadas, que confiaram a mim suas histórias, que leram o texto para checar sua fidelidade aos fatos e permitiram sua publicação. Sem isso este livro não teria sido possível.

Meus agradecimentos a Jorge Tarcísio Falcão, pelo enorme incentivo ao considerar original a ideia que eu vinha desenvolvendo e também por suas sugestões e comentários críticos no início do trabalho.

Agradeço a Mauro Copelli e Romero Maranhão, pela leitura do texto e pelos comentários.

E agradeço também a Selma Leitão, sempre disponível a minhas indagações.

Introdução

• • •

O objetivo deste texto é duplo: de um lado, vai sugerir a existência de um padrão repetitivo psicológico que se estrutura na infância e define o Eu do adulto, sua identidade psicológica; de outro, vai sugerir que o processo associativo subjacente à estruturação do padrão pode ser o ponto de partida para a compreensão do funcionamento da mente, de seu mecanismo, de sua dinâmica.

O padrão repetitivo pode ser visto como um comando, já em criança, do que o indivíduo virá a ser em adulto; é o resultado da reação do potencial psíquico genético da criança ao meio ambiente. Dele constam percepções, impulsos, sensações, desejos, sentimentos, pensamentos e comportamentos interligados que se repetem ao longo do tempo, na infância, na adolescência e na vida adulta, em variados contextos, como as relações familiar, social e profissional, definindo não só o Eu, como também transtornos psicológicos que eventualmente o indivíduo venha a desenvolver. Esse padrão psicológico é individual, único, repetitivo e, como tal, característico do Eu.

Será sugerido aqui que a repetição do padrão é desencadeada porque o indivíduo capta o meio ambiente atual e reage a ele da mesma forma que captou e reagiu ao meio ambiente infantil. Ele o capta da mesma forma porque a percepção é subjetiva, ou seja, está eivada das experiências anteriores, infantis. E a percepção é subjetiva, por conta do processo associativo inconsciente, que não só traz o passado para o presente – o que deixa o indivíduo preso a um determinismo psicológico estabelecido na infância –, como também estrutura o padrão, interligando seus vários componentes – o que causa uma reação em cadeia toda vez que o meio ambiente propicia uma oportunidade de ser interpretado mediante determinados significados já vividos. O processo associativo que estrutura o Eu do indivíduo pode ajudar a responder à pergunta: como a mente funciona para estruturar a identidade psicológica do indivíduo?

Essas conclusões foram tiradas do estudo sobre as repetições, estudo esse divergente das ideias freudianas sobre a transferência (modo como Freud nomeou e explicou as repetições), o que abala os pilares da psicanálise, porque *transferência* e *contratransferência* (a transferência do psicanalista) estão na base do arcabouço teórico e técnico da psicanálise. Comecemos do princípio!

Freud (1914, 1969), em seu atendimento clínico, observou que o paciente repetia sentimentos e comportamentos do passado como se fossem contemporâneos, sem se dar conta da repetição. Observou também que isso não se dava apenas na relação terapêutica, mas podia ocorrer em qualquer outro tipo de relação. Ele chamou esse fenômeno de *transferência* e explicou sua ocorrência pela repressão e pela resistência. Segundo ele, sentimentos e comportamentos reprimidos na infância, comumente de ordem sexual (Freud, 1912, 1969), forçavam sua passagem para o consciente, mas forças da resistência não os deixavam emergir. O paciente ficava, então, impedido de lembrar-se do passado e, em vez de recordar, agia da mesma forma como em criança, o que Freud (1914, 1969) chamou de *atuação*. A forma de lidar com a atuação e de conscientizar o paciente de seu inconsciente era a interpretação da resistência: à medida que a resistência fosse sendo trabalhada, tenderia a diminuir, e aflorariam à consciência fatos que confirmariam a interpretação. Inicialmente, a transferência foi considerada um obstáculo ao tratamento; depois passou a ser, junto com a interpretação, a essência do trabalho psicanalítico, uma vez que a conscientização da repressão e da resistência eram condições indispensáveis para o progresso terapêutico.

Freud observou também outro complicador, que era a transferência do psicanalista, a qual ele chamou de *contratransferência*. Hoje, a contratransferência tem uma importância capital (Zaslavsky & Santos, 2005), sendo inclusive usada pelo psicanalista para entender melhor o que está se passando na relação entre ele e o paciente. A psicanálise concentra-se em analisar/interpretar a relação terapeuta-paciente no aqui e agora de uma relação estabelecida a partir da individualidade de cada um, eivada de transferências de parte a parte. A análise do "vínculo que une dois" (Zaslavsky & Santos, 2005, p. 294) é a análise de uma relação única, o que a torna um tratamento eminentemente subjetivo, que varia de terapeuta para terapeuta.

Este livro vai apresentar outra forma de entender a transferência e as decorrências lógicas desse entendimento. Para isso, volto aos primórdios da psicanálise, quando da descoberta do fenômeno da *repetição*, e tomo um rumo diferente, dando à transferência (considerada aqui, exclusivamente, sinônimo de repetição) uma nova explicação. Essa nova explicação trouxe consequências teóricas e técnicas bem expressivas, tais como:

- a ideia de condicionamento como o responsável pela repetição, em vez de repressões e resistências;
- a possibilidade de uma técnica objetiva de conscientização da repetição inconsciente, criando regras e fazendo afirmações que podem ser testadas por qualquer psicoterapeuta, o que abre caminho para uma psicanálise objetiva, científica;
- a ideia de que, se há transferência na sessão terapêutica, é porque o *setting* estabelecido pelo terapeuta é captado como repetitivo das vivências passadas do paciente;
- a discordância com relação ao uso da contratransferência do terapeuta para o entendimento da transferência do paciente;
- a possibilidade de uma redução no tempo do tratamento, uma vez que o terapeuta não fica à espera de o paciente se repetir, indo ele próprio buscar as repetições com o auxílio da técnica objetiva;

- um *padrão repetitivo psicológico* (PRP), definido na infância, responsável pela estruturação do Eu e questionador do Édipo como vivência universal de cujo desfecho o Eu dependeria para ser normal, neurótico ou psicótico;
- um processo associativo inconsciente, que interliga os vários componentes do PRP numa relação de causa e efeito;
- um processo associativo inconsciente, que transfere o já vivido para o presente e que, em última instância, me parece ser o responsável pela repetição;
- um processo associativo que parece estar na base do funcionamento da mente, sendo o responsável por seu dinamismo e que pode, através de estudos mais aprofundados, ajudar a responder futuramente às perguntas: *O que é a mente? Como ela funciona? Quais são os seus mecanismos? Qual é a sua dinâmica?*

O que inicialmente era apenas um questionamento a uma descoberta de Freud foi, aos poucos, tomando dimensões maiores, deixando de lado teoria e técnica psicoterápicas para tentar refletir de forma ainda incipiente – mas objetiva –, baseada em casos concretos, sobre essa realidade ainda desconhecida que é a mente humana.

Sumário

• • •

Capítulo 1 – Uma nova forma de entender a transferência 19

    Caso Alice 20

    Hipótese da igualdade das situações................................. 22

Capítulo 2 – Consequências da nova forma de entender

    a transferência 23

    2.1 Primeiro corolário 23

    Caso Carla...23

    Caso Dulce..25

    Caso Beatriz 27

    2.2 Segundo corolário 29

    Caso Flávia..29

    2.3 Terceiro corolário 40

    Caso Flávia 41

    Caso Graça...49

Capítulo 3 – Síndrome do pânico..**61**

Caso Inah 61

Capítulo 4 – Mudança na superfície e permanência na essência......**69**

Caso Joana..69

Capítulo 5 – Fantasia a serviço do bem-estar da paciente.................**77**

Caso Eva..77

**Capítulo 6 – Síndrome do pânico, paralisação diante do trabalho
e forte ansiedade**..**87**

Caso Laura 87

6.1 Relação com a mãe..88

6.2 Relação com o pai..88

6.3 Relação com as avós (perdas).....................................89

6.4 Relação consigo mesma..90

6.5 Relação com a moradia 90

Capítulo 7 – Radicalização **107**

Caso Mariana..107

Características do Eu de Mariana....................................110

7.1 Firmeza em suas resoluções e exigência de
firmeza por parte dos outros.....................................110

7.2 Não aceitar pessoas maleáveis, considerando-as
fracas 111

7.3 Exigir velocidade nas ações......................................112

7.4 Achar que tem que ter sucesso, evitando as
situações em que pode não alcançá-lo,
porque não dá o braço a torcer..................................112

7.5 Acomodação ao "menos"...113

7.6 Não aceitar bem mudanças, o que, de alguma forma,
se relaciona à acomodação ao "menos"..........................114

7.7 Achar características temerosas nas surpresas...........114

7.8 Achar necessário cercar-se de objetos de que pode precisar, encontrando segurança nisso......................115

7.9 Imaginação fértil ao criar histórias a partir de um dado da realidade 116

Capítulo 8 – Angústia..**123**

Caso Neide...123

Características do Eu de Neide 124

8.1 Angústia diante da ameaça de separação e de ser deixada sozinha 124

8.2 Raiva diante do fato de ser deixada sozinha e pensamento de dar um castigo para punir um comportamento errado...126

8.3 Colocar-se no lugar do outro para entender e decidir o que fazer..128

8.4 Não poder errar e ficar tensa, sem brincar, diante da possibilidade de levar um carão...............129

Capítulo 9 – A teia associativa.......................................**131**

Adendo ao Caso Inah..131

9.1 A teia associativa...136

9.2 Eixos do processo associativo 138

9.3 Regras da teia associativa inconsciente 139

9.4 Características do processo associativo 139

Capítulo 10 – Conclusão **143**

Referências..**147**

Capítulo 1

●●●●●●●●●●●●●●●●●●●●●●●●●●●

UMA NOVA FORMA DE ENTENDER A TRANSFERÊNCIA

• • •

A alteração na compreensão da transferência começou a se delinear a partir do estudo da história de vida de Alice, quando a análise de um exemplo de transferência ocorrida fora da relação terapêutica revelou que não apenas os sentimentos vividos nas duas situações eram iguais, mas também ambas as situações como um todo. Embora de contextos totalmente diferentes, as situações eram iguais na essência, chegando a haver uma correlação um a um entre seus elementos. Dessa constatação de igualdade de essências brotou a hipótese de que, para haver transferência, era indispensável haver igualdade de essências nas duas situações. A partir dessa hipótese, foram deduzidos três corolários: o primeiro permitia uma regra prática e objetiva de acesso à situação original inconsciente e suas repetições; o segundo afirmava que, para existir transferência na relação psicoterapêutica, também deveria existir nela uma repetição da situação original; por fim, o terceiro demonstrava a existência de um padrão repetitivo definidor do Eu.

Como a hipótese afirma uma característica indispensável à transferência, torna-se necessário um número representativo de casos. Enquanto os casos são coligidos, é possível desenvolver as ideias através da demonstração dos três corolários (que reforçam a hipótese), o que será feito através de exemplos concretos extraídos da prática clínica e de fora dela.

Inicialmente, veremos o Caso Alice, do qual brotou a hipótese em questão e em que serão examinadas a relação transferencial e a igualdade das duas situações. A seguir serão feitas as demonstrações dos três corolários, todas através do estudo de casos.

Caso Alice

Situação 1

É Natal. Alice deve ter quatro ou cinco anos. Chega seu padrinho trazendo-lhe um lindo velocípede. Ela não gosta do padrinho e, por extensão, não gosta dos presentes que ele traz.

O padrinho era diferente dos padrinhos de seus irmãos, e ela não gostava de ser diferente deles. Os padrinhos de seus irmãos eram também tios e frequentavam muito sua casa, e ela a deles. O seu, embora grande amigo de seu pai, não frequentava a família. Aparecia exclusivamente em ocasiões especiais. E era uma pessoa muito estranha aos seus olhos de menina. E Alice tinha-lhe muito medo. Ele usava chapéu de palha, fumava cigarros – também de palha – e jogava a cinza e os tocos dos cigarros no chão. Não usava cinzeiros. Ela não o compreendia. Nem o comportamento dele, nem o de seu pai, que não reclamava de nada do que ele fazia. Na sua fantasia, influenciada talvez pelas histórias infantis, temia que ele fosse seu pai de verdade e que pagasse à família para criá-la. Isso a assustava mais ainda. Ela queria ser igual a seus irmãos: filha do mesmo pai e da mesma mãe!

Naquela noite de Natal, como de praxe, ela se recusara a falar com ele. Seu pai insistira, insistira e insistira. E zangado, incomodado com o comportamento da filha, ameaçou-a com o escuro do jardim, onde seria deixada caso continuasse com a teimosia.

Quando ela pensou no escuro, o medo foi maior ainda. Vencida, no colo do pai, com o rosto escondido em seu ombro, ela estendeu-lhe a mão, de costas. Depois de crescida, Alice entendeu que o padrinho era apenas um rico fazendeiro do interior, que vivia pelas fazendas e que fazia questão de manter seus hábitos interioranos quando vinha à cidade. Depois que o compreendeu, ela passou a gostar dele.

Situação 2

Alice, agora, é uma moça em torno dos vinte anos. Seu pai morreu há um certo tempo e ela está, neste momento, conversando com o tio. O tio, a quem era muito afeiçoada, de certa forma substituíra a figura do pai. Conversa vai, conversa vem, ela resolve contar-lhe que o namorado está indo para Praga passar dois anos. E que havia sido convidada por ele para ir também. Mas não aceitara.

O tio acha que ela deve ir e insiste, insiste, insiste. Não aceita os argumentos da sobrinha e vai derrubando-os, um a um. Ele se oferece até para lhe emprestar dinheiro.

Alice vai ficando tensa, confusa, sem entender o que está se passando; vários pensamentos vão se amontoando... *Por que o tio insiste? Por que ele está empurrando-a para lá, para junto do namorado? Não vê que ela não quer ir? Não acredita no que ela diz?* E, de repente, um pensamento explode em sua cabeça: *Praga é escura!* Porque a escuridão já estava se fazendo presente em suas sensações, à medida que a tensão aumentava. Não sabe dizer como terminou a conversa. Apenas não foi a Praga.

O namorado era uma pessoa estranha, meio exótica, diferente dos demais rapazes que conhecia, e ela não gostava dele. Estava namorando por namorar. Para ter um namorado e ser igual às amigas, cada qual com seu namorado. Anos mais tarde, soube que o namorado era homossexual, daí a estranheza que sentia em sua figura.

No Caso Alice, o medo do escuro impingido pelo pai associa-se inconscientemente a Praga. Esta associação a Praga é confirmada quando, tempos depois, viajando pela Europa com algumas amigas, estas sugerem uma alteração do roteiro e a ida a Praga, ao que Alice reage com medo, exclamando: *Não! Praga é escura.*

Diante do espanto das amigas, ela percebe a tolice que dissera e sente-se constrangida. Felizmente, as amigas interpretaram aquilo como se ela estivesse temendo o inverno e lhe responderam que era verão.

Alice sabia que não era o inverno o que ela estava temendo. Era o escuro. Escuro da noite sem iluminação, de falta de luz. E uma grande confusão toma conta de sua mente. Que loucura seria aquela? Sente-se insegura. Desconfiada de sua própria inteligência e de seu equilíbrio mental.

Viajaram para Praga e, durante todo o voo, apesar de saber racionalmente que era bobagem o que havia dito, Alice estava tensa e receosa. No fundo de si mesma, ainda aguardava o escuro. E foi um grande alívio ver uma Praga clara, radiosa, linda.

Voltando às situações 1 e 2 do Caso Alice, vemos que, apesar de serem aparentemente duas situações bem diferentes – uma, a mais antiga, falando do medo de uma criança em relação ao padrinho e da ameaça do pai, que quer obrigá-la a cumprimentá-lo e agradecer-lhe o presente; a outra, mais recente, de um convite feito pelo namorado e da insistência do tio para que o aceitasse –, na essência, elas são exatamente iguais. Em seu significado essencial as duas situações falam de:

- uma recusa diante de determinado oferecimento (velocípede – viagem);
- uma não aceitação da recusa e uma insistência (pai – tio);
- um personagem estranho, diferente dos demais (padrinho – namorado), com quem tem um vínculo, embora não goste dele;
- um desejo de ser igual (aos irmãos – às amigas) por parte de Alice;
- um clima de confusão, de não compreensão por parte de Alice (menina – moça), gerado pela insistência e pelo desrespeito a sua vontade;
- um escuro, que está ligado a um lugar aonde Alice não quer ir (o jardim, na cena dos quatro ou cinco anos) e que se acopla como característica a Praga, um lugar a que ela não quer ir.

Dessa igualdade de situações, emerge a hipótese a seguir.

Hipótese da igualdade das situações

A condição indispensável para a emergência da transferência é a igualdade de essências entre as duas situações.

A partir da constatação da igualdade das duas situações foram desenvolvidos três corolários, que serão demonstrados no Capítulo 2.

Capítulo 2

●●●●●●●●●●●●●●●●●●●●●●●●●●●

Consequências da nova forma de entender a transferência

● ● ●

2.1 Primeiro corolário

Considerando que, na transferência, duas situações são iguais em essência, basta isolar do contexto a sua essência e pedir ao paciente que procure em suas lembranças essências iguais em contextos diferentes.

Caso Carla

O assunto era cinema. Os filmes, os de Nelson Rodrigues, muito apreciados por Carla. E o motivo da atração era o fato de eles retratarem pessoas comuns da classe média, iguais a qualquer um de nós, que podem cruzar conosco nas ruas, nas lojas, até ser nossos vizinhos. Pessoas que falam a nossa língua, mas que, de repente, se transformam e usam uma linguagem nua e crua, vulgar, baixa, escrachada. É fundamental o filme ser brasileiro, falando nossa língua. Se a mesma história fosse contada num filme norte-americano, não teria tanto interesse.

Faço o teste com Carla. Peço-lhe que focalize a essência da atração, que a abstraia do contexto "filmes de Nelson Rodrigues" e tente se lembrar se essa mesma essência é localizada em outros contextos, que exerçam a mesma atração. E Carla lembra-se de duas situações.

Situação 1

A primeira situação lembrada remonta à época de criança, quando ela morava com a família numa ala isolada do hospital psiquiátrico. O pai, médico e proprietário, lidava com a loucura de modo muito natural, e as crianças frequentavam o pátio dos internos e conviviam com os pacientes.

Mas havia uma interdição: não podiam frequentar o Setor G, que era onde ficavam retidos os pacientes perigosos ou em crise de violência. Muitas vezes, os pacientes com quem as crianças conversavam ou que elas viam no pátio simplesmente desapareciam. E, depois, elas vinham a saber que tinham sido recolhidos ao Setor G.

As crianças, curiosas, costumavam burlar a proibição e iam até lá para observar o que estava se passando. Carla olhava tudo com o maior interesse e registrava todos os detalhes que faziam aquele alojamento ser diferente dos demais: argolas, correntes e, em especial, o linguajar dos detidos, completamente diferente daquilo a que ela estava acostumada no pátio.

Carla comenta que a sensação que tem ao observar o alojamento é a mesma dos filmes de Nelson Rodrigues. A curiosidade aguçada e o interesse por aquelas pessoas que privavam de seu contato e que, de repente, se transformavam em outras pessoas, diferentes daquelas a que estava acostumada.

Situação 2

A outra situação lembrada é bem mais recente. Já do tempo de casada, quando ela, o marido e alguns amigos frequentavam uma praia particular. Os proprietários, pessoas agradáveis com quem conviviam socialmente, tinham fama de promover orgias sexuais, regadas a muita bebida. A praia exercia sobre ela a mesma atração do Setor G, em criança, e dos filmes de Nelson Rodrigues. Quando lá estava, ela prestava atenção a todos os detalhes: olhares, gestos, falas – e principalmente aos desaparecimentos súbitos de alguns. Tudo era registrado para depois ser comentado com os amigos. E o interessante é que, à semelhança do comportamento do pai em relação à loucura, a mãe demonstrava naturalidade em relação a sexo. Era uma pessoa esclarecida para a época e conversava com naturalidade sobre o assunto.

Como se vê, no Caso Carla há uma igualdade de essências. As três situações apresentadas – incluindo a do momento atual, comentando filmes de Nelson Rodrigues – têm o mesmo significado: pessoas comuns se transformando e adotando comportamentos inusitados. Esse conteúdo, por sua vez, deflagra os mesmos sentimentos e comportamentos: curiosidade aguçada, observação dos detalhes e comentários com os amigos.

A regra funcionou. Isolei a essência de determinada situação, e ela trouxe à tona outros contextos de mesmo significado. Com esse exemplo não só foi realizada uma abordagem objetiva, com previsões, testes e comprovações, como foi acelerado o processo de conscientização, porque as situações emocionais e comportamentais repetitivas foram buscadas em vez de esperadas na sessão psicanalítica. E, para a técnica psicanalítica, é interessante a aceleração do processo, porque um obstáculo de peso a esse tipo de tratamento é o grande investimento em tempo e dinheiro por parte do paciente.

O Caso Carla é um exemplo de repetição ligada a um sentimento de curiosidade aguçada, que não seria, em si, um tópico de estudo psicanalítico, mas que é interessante por mostrar uma forma de funcionar repetitiva, estabelecida a partir de uma experiência na infância. Ou seja: qualquer sentimento ou comportamento pode ser, a princípio, transferido do passado para o presente, desde que haja no presente uma essência repetitiva do passado.

Será vista agora a repetição em um caso de interesse da psicanálise, porque se trata de um refugiar-se na fantasia.

Caso Dulce

Dulce estava se separando; o marido saíra de casa de repente. Ela estava péssima – nunca tinha imaginado que o casamento pudesse não existir mais. Diante da pergunta se não desconfiara de nada, se o comportamento dele não revelara alguma coisa, ela diz que sim. Que há algum tempo ele chegava tarde em casa; não dava satisfação. Mas ela não podia acreditar que o casamento estava acabado. Ela não queria ver a realidade.

E, ao ser questionada sobre já ter estado numa situação igual a essa, de estar acontecendo algo e ela não querer ver, de se apegar à fantasia, ela responde novamente que sim. É igual à fantasia do Papai Noel. Ela fora criada numa fazenda, e só aos sete anos é que fora para a cidade a fim de estudar. A mãe criava para ela toda aquela atmosfera fantasiosa envolvendo o Papai Noel. Árvore de Natal. Enfeites. Botas para receber os presentes dele... Ela adorava esse dia. E acreditava plenamente na existência de Papai Noel. Quando foi para o colégio, as colegas lhe disseram que ele não existia. E ela não quis acreditar. Ela gostava muito daquela fantasia e queria que ela existisse como fato. Quando chegou em casa e perguntou à mãe é que caiu na realidade, que ela não queria ver. É a mesma situação do casamento. Ela se casara acreditando na fantasia de que o casamento seria para a vida toda, e gostava muito de tudo nele. Até das constantes mudanças de endereço que ela era obrigada a fazer por conta do trabalho do marido. Quando o marido começou a dar sinais de que o casamento já não mais existia, ela não conseguia acreditar. Só acreditou quando ele lhe disse que estava saindo de casa, naquele dia. Era a mesma situação da fantasia do Papai Noel, em que também só acreditou quando a mãe lhe dissera que ele não existia.

Mais uma vez a técnica funcionou, deixando claro sua facilidade e eficiência no trato com as repetições. Embora a técnica que venho desenvolvendo não tenha nada a ver com a interpretação psicanalítica, ela também satisfaz as exigências da psicanálise em relação a sua técnica, como veremos com Betty Joseph (1985, 1990, p. 77): "[...] nenhuma interpretação pode ser vista como uma pura interpretação ou uma explicação, mas como algo que deve ressoar no paciente de uma forma que é específica dele e de sua maneira de funcionar".

Ora, a técnica de pinçar a essência e pedir à paciente que procure situações diferentes, mas de mesmo significado, torna flagrante uma maneira típica de funcionar, abrangendo setores da vida afetiva – infância, adolescência e maturidade. A técnica aqui apresentada funciona também para o aqui e agora, como o quer a psicanálise. Ela pode ser aplicada com êxito na conscientização do que está se passando no momento presente e que não está sendo falado. Onde houver um comentário que pareça deslocado é possível aplicar a técnica e chegar à repetição. Não importa se a repetição é do passado ou do presente. O Caso Beatriz, que vou apresentar a seguir, ilustra bem essa afirmação. A partir de um comentário que me pareceu deslocado, chegamos ao momento frustrante no qual Beatriz se debate agora e do qual nunca havia falado antes, apesar de já ter passado por anos de psicoterapia, com outros psicoterapeutas.

Caso Beatriz

O Caso Beatriz começou a partir de uma frase intrigante. Era uma conversa entre amigos, quando Beatriz falava de uma viagem que estava programando para determinados países do Primeiro Mundo. Ela comentou: *Só voltarei dessa viagem quando tiver resolvido uma equação: por que eles (países do Primeiro Mundo) deram certo, e nós (Brasil), não?* É curiosa essa frase. Como é que, numa viagem turística, numa excursão, passando um ou dois dias no máximo em cada cidade, ela ia resolver uma questão de ordem tão complexa?

Como marido e mulher tinham a mesma profissão – o marido era bem--sucedido, publicamente reconhecido como alguém muito competente, com uma posição financeira invejável; ela era funcionária pública –, talvez a frase fosse reveladora de algo mais profundo, mais íntimo e que não era falado, apenas sentido e, provavelmente, sofrido. Talvez a frase, que não parecia objetivamente exata, apontasse para uma subjetividade oculta: *Por que ele deu certo, e ela não?*

Era uma chance de checar as ideias sobre essência repetitiva em contextos diferentes – e ela foi aproveitada. Explico a Beatriz o trabalho que venho realizando e lhe peço licença para fazer uma pergunta íntima. Ela concorda, e a pergunta vem de supetão: *Aquela frase poderia ser substituída por "Por que ele (marido) deu certo, e ela não?".* A resposta também é direta e imediata: *Sim.* Ela se faz essa pergunta constantemente, e seu conteúdo tem sido a razão de uma frustração latente em que ela se debate há certo tempo.

Estamos diante de um fato novo: a possibilidade de acesso ao pensamento oculto, atual, e não exclusivamente ao passado infantil, como foi visto nos exemplos anteriores. A mesma regra simples pode revelar o que está oculto a sete chaves e, de repente, ser o "Abre-te, sésamo!"[1], as palavras mágicas que permitem a entrada nos recônditos do Eu. Mais uma vez a regra estava sendo aplicada com sucesso; mais uma vez ela revelava uma essência igual (a mesma pergunta que ela faz a si mesma) sob a capa de duas situações completamente diferentes. Agora, essas situações estão acontecendo ao mesmo tempo, e isso é muito importante, porque permite uma linha de acesso direto ao pensamento dominante, que o paciente não quer ou não pode revelar espontaneamente, até por falta de clareza interna. Mas a clareza vem de imediato quando atinjo o ponto em questão. No Caso Beatriz, por exemplo, a regra deu acesso imediato à frustração que a corrói há certo tempo. É importante frisar que ela havia feito terapia durante sete ou oito anos, mas esse assunto nunca havia sido mencionado. Um ponto capital do Eu deixara de ser abordado por falta de conhecimento técnico, o qual talvez possa ser suprido por essa nova linha de estudos.

Mas não era apenas confirmar a essência de um contexto se repetindo em outro o que eu queria demonstrar; queria ver a igualdade em profundidade. Peço-lhe que diga como vê aqueles países do Primeiro Mundo, o Brasil, o marido e a si própria. A igualdade revela-se em toda a sua pujança: ela vê o marido como esses países do Primeiro Mundo e a si mesma como o Brasil. São dela os seguintes comentários: *X (países do Primeiro Mundo) são países que conseguiram deslanchar. Conseguiram manejar bem suas riquezas naturais, dando-lhes um aproveitamento prático, transformando seu potencial em riqueza e bem-estar para seu povo.* E, dito isso, ela se conscientiza de que vê o marido exatamente da mesma forma: *Ele é capaz e soube lidar bem com a realidade. Aproveitou suas condições, seu potencial e reverteu tudo isso em sucesso profissional e, consequentemente, retorno financeiro, propiciando a si mesmo e a sua família bem-estar*

---

[1] Palavras mágicas que davam acesso à gruta do tesouro no conto árabe "Ali Babá e os quarenta ladrões", no lendário *Livro das mil e uma noites*, de autor anônimo.

e excelentes condições financeiras. Quanto a mim, não consegui fazer a carreira deslanchar. Tenho potencial, sou inteligente, raciocínio rápido, fui excelente aluna, mas, na vida prática, não soube utilizar meus conhecimentos e transformar meu potencial numa realidade concreta, aplicada a meu trabalho. Sou como o Brasil, que tem uma riqueza enorme, um grande potencial a ser desenvolvido, mas até agora não soube reverter seu potencial para promover o bem-estar e o enriquecimento de seu povo. Na vida prática, não soube atingir o ponto que desejava: chegar ao topo como funcionária pública dentro da carreira que abracei.

Tentarei demonstrar agora o segundo corolário, que postula a repetição, por parte do terapeuta, quando da estruturação do *setting*. Para ilustrar essa demonstração, apresentarei o Caso Flávia, com dois exemplos de transferência no *setting*: no primeiro, mostrarei a repetição dentro de um tratamento tradicional psicanalítico; no segundo, eu a mostrarei dentro do *setting* objetivo, com aplicação da técnica da igualdade das situações e sem recorrer à ajuda da contratransferência.

2.2 Segundo corolário

Considerando que a transferência ocorre quando as duas situações são iguais na essência, a transferência existiria no *setting*, porque este estruturaria para o paciente uma situação igual, na essência, à vivida por ele numa situação anterior.

Caso Flávia

2.2.1 Relação repetitiva com o psicanalista

Flávia decide se submeter à psicanálise. Sofreu muito na relação familiar, com a rejeição da mãe, o que a perturbou durante muito tempo – mesmo depois de adulta.

Para ser seu analista, escolhe um psicanalista didata muito conceituado, professor da universidade. Sente-se em boas mãos. Mas, num primeiro momento, ele reluta em aceitá-la, porque os dois convivem no mesmo ambiente de trabalho (embora não tenham contato próximo), e talvez isso atrapalhe a relação transferencial. Diante de sua relutância Flávia reage: *Não me rejeite!* Após essa reação, o psicanalista muda de ideia, porque ela demonstrou facilidade em entrar no clima de transferência. E o tratamento começa.

Nas sessões, Flávia entrega-se às lembranças, aos sentimentos, às associações livres. Fala tudo o que se passa em sua mente, relata seus sonhos. Enfim, comporta-se como o esperado de um paciente em psicanálise.

A psicanálise transcorre normalmente até o dia em que o psicanalista pede a Flávia que ceda seu horário a outro paciente que está chegando. Ela aceita a troca, mas, a partir daí, não fala mais nas sessões. Chora muito. Sofre em silêncio durante meses. É um misto de dor e raiva dentro de si. Dor pela perda do lugar e raiva pelo psicanalista, que não podia fazer aquilo com ela. Ele tinha condições de dar um basta em seu sofrimento, mas não fazia nada. Não intervinha. Da parte dele, só o silêncio.

Durante meses solitários, ela vai refletindo e toma a decisão de sair. Se ele não fez nada até então, não vai fazer mais. Não há por que continuar. Não espera mais nada dali. Sua intenção é sair e não voltar mais. Daquele momento em diante é por sua conta, e, se não der certo, ela não culpará ninguém. É uma opção dela, e ela enfrentará as consequências.

Participa ao analista sua tomada de decisão: vai sair da psicanálise. Porém, ele pede a ela que continue mais um pouco, e ela permanece por mais algumas sessões. O psicanalista explica a Flávia que, embora ficasse em silêncio, acompanhara seus sentimentos. Para ela, contudo, não há mais conserto, e ela sai definitivamente. Vê um lado positivo na psicanálise: o espaço para reflexão.

Passarei agora para alguns tópicos da história de Flávia quando criança, adolescente e jovem adulta, nos quais veremos as raízes dos sentimentos e das atitudes vividas na psicanálise e não percebidas como repetição pelo psicanalista.

Flávia foi uma criança rejeitada pela mãe e amada pelo pai. Antes de seu nascimento, eles tinham tido uma filha, mas a menina morrera aos cinco meses de idade. Era um bebê lindo. De olhos azuis, como a mãe. Flávia não tinha olhos azuis, e, por isso, foi considerada feia. Não se lembra de beijos ou afagos por parte da mãe. Sequer de ter sido pega no colo. Lembra-se de sua rejeição.

Lembra-se de uma surra que levou aos seis anos de idade e de sua decisão de não voltar a dar motivo para surras. Comportou-se como o esperado de uma menina obediente, e nunca mais apanhou.

Flávia também se lembra de seu sofrimento a cada irmão que nascia, porque ela perdia seu lugar, ia para baixo na lista dos afetos da mãe. Perder o lugar era causa de muito sofrimento. Lembra-se de ter chorado copiosamente em duas situações de perda de lugar: no casamento, quando saiu de casa para não mais voltar, porque, embora rejeitada pela mãe, gostava dela e dos irmãos; e no trabalho, quando saiu de lá por insistência do marido, que desejava que ela trabalhasse com ele. Em ambas as situações, a dor pela perda do lugar foi muito forte.

Voltando a seus tempos de menina, Flávia relata o quanto sofria com a rejeição e como se refugiava em brincadeiras solitárias e no estudo. Era uma criança solitária. Seu pai, embora a amasse, não tomava uma atitude enérgica, dando um basta naquela situação. Ele poderia interferir e acabar com seu sofrimento. Ele tinha condições de fazer isso. Mas não fez.

Quando tem o primeiro namorado, a mãe o rejeita, porque ele não é de família tradicional (o que inferniza ainda mais sua vida). Flávia não abre mão do namorado – é uma pessoa que lhe quer bem e de quem ela gosta; ela decide se casar com ele. Uma vez decidida, participa à mãe que vai se casar no dia seguinte. Não adianta esperar mudanças da parte da mãe; ela não mudou até ali, não ia mudar mais. Não há por que continuar dentro da família. Daquele momento em diante é por sua conta, e, se não der certo, não culpará ninguém por isso. Larga a vida familiar para não voltar mais. Continua tomando conta de sua mãe, para que nada lhe falte, mas a distância. A mãe tem um lado positivo: sempre foi uma senhora digna e, mesmo ficando viúva ainda jovem, sempre teve um comportamento exemplar.

Essas duas relações (com a família e com o psicanalista) mantêm elementos comuns que se mostram iguais na essência. Ambas tratam de:

- Rejeição
  - Não é aceita pela mãe;
  - Não é aceita pelo psicanalista como paciente (ela própria disse: *Não me rejeite!*).

- Comportamento conforme as regras:
  - A menina que se comporta como a mãe quer;
  - A paciente que se comporta como o psicanalista quer.

- Sofrimento pela perda de seu lugar em função de outro que vem chegando
  - Em criança: o nascimento dos irmãos;
  - Como paciente: um novo paciente que chega.

- Revolta por não darem um basta em seu sofrimento, apesar de terem condições de dar
  - Em criança: o pai, que poderia dar um basta nas atitudes da mãe;
  - Na terapia: o psicanalista, que poderia dar um basta fazendo-a entender o que estava se passando.

- Sofrimento e refúgio numa atividade solitária
  - Em criança: brinca sozinha e estuda;
  - Como paciente: reflete sozinha.

- Reflexão sofrida e solitária, com tomada de decisão – também solitária – de sair para não voltar mais, fossem quais fossem as consequências
  - Decide sair da família (casar-se): não espera nenhuma mudança por parte da mãe;
  - Decide sair da psicanálise: não espera nenhuma mudança por parte do psicanalista.

- Imparcialidade no raciocínio
  - Vê o lado positivo da mãe: é uma senhora digna;
  - Vê o lado positivo da psicanálise: tem espaço para a reflexão.

Esse paralelismo que acaba de ser traçado revela uma nítida relação transferencial. A paciente repete não só sentimentos e comportamentos, mas também o raciocínio. É todo um caminho que foi percorrido de novo e do qual o psicanalista não se deu conta – na verdade, ele não se deu conta nem da repetição da paciente, nem de sua contribuição para essa repetição. E, o mais importante, a meu ver, é que a psicanálise visa à mudança e afirma que ela virá justamente da percepção da relação transferencial com o psicanalista. Nesse caso, a relação transferencial não foi percebida e, em vez de mudança, vejo um reforço da característica típica da paciente: isolar-se, sofrendo, para pensar, decidir e colocar em prática o que decidiu. O psicanalista não entendeu que era seu comportamento que estava provocando a atitude (silêncio e choro durante meses) da paciente. Trocando-a de lugar, deixando-a sofrer isolada, entregue a uma reflexão solitária, o psicanalista estava criando um *setting* repetitivo da relação familiar da paciente. Daí a decisão de Flávia (também repetitiva) de sair da psicanálise para não voltar mais, assim como saiu da família (por meio do casamento) para não voltar mais.

Com a ideia de condicionamento, tornou-se possível desenvolver uma técnica objetiva que pode ser aplicada por qualquer terapeuta com os mesmos resultados. Essa técnica questiona a necessidade de criação de um *setting* especial para o aflorar da transferência (repetição), como estabelece a psicanálise. Pela hipótese da igualdade das situações, se houver repetição dentro da relação terapêutica é porque esta, em essência, tem significado igual ao vivido pela paciente no passado, embora o contexto seja diferente.

Apresentarei agora outro exemplo relacionado a Flávia, dessa vez ocorrido no tratamento de análise das repetições com a técnica objetiva. Nesse exemplo, o que poderia ser entendido como atuação e tratado pelo método subjetivo da interpretação, levando em consideração a contratransferência, foi abordado pela técnica objetiva e revelou-se uma repetição, que deu a ela a conscientização de uma característica sua moldada também por experiências infantis.

2.2.2 Relação repetitiva com o terapeuta na terapia com a técnica objetiva

Flávia traz uma revista para a sessão e comenta que há um artigo de uma psicanalista, muito bem escrito, sobre o comportamento dos adolescentes das classes sociais média e alta, que estão se identificando com os adolescentes das favelas. Trazendo uma revista para mim (atuando), ela estaria vivendo uma transferência na sessão e, pelo segundo corolário, se isso estava acontecendo era porque o estímulo do ambiente estaria sendo repetitivo de vivências do passado. De outro lado, eu também estava vivendo uma contratransferência, provocada pelo gesto da paciente, de me trazer uma revista. Receber uma revista porque ela trazia um artigo muito bem escrito mexeu com meus sentimentos. Eu estava escrevendo um artigo (Flávia sabia) que estava questionando os pilares básicos da psicanálise e eu o queria bem escrito, porque, afinal, era um estudo de anos que estaria vindo a público e para o qual eu desejava despertar o interesse dos profissionais da área.

Ao mesmo tempo que tinha o objetivo de escrever bem, eu era insegura quanto ao ato de escrever: sempre tive dificuldade com dissertações, desde o tempo da escola, quando muitas ideias me ocorriam mas eu me sentia meio paralisada, sem saber ao certo qual caminho seguir. Então, quando recebi a revista, eu me senti insegura, e dois tipos de interpretação me ocorreram:

- ela (a paciente) não acredita que eu possa escrever bem um artigo e, sutilmente, me diz isso, mostrando o que é escrever bem;
- ela (a paciente) gostaria de me ajudar nessa tarefa e, para isso, me traz como sugestão um trabalho bem escrito.

Em vez de ficar à espera de algumas outras colocações que apontassem para qualquer uma dessas hipóteses (ou outra qualquer), para fazer a interpretação, dei preferência a continuar com a técnica objetiva e a aplicar a regra de abstração do contexto (ou pinçamento da essência), o que revelou algo totalmente diferente das hipóteses iniciais.

Peço a Flávia que abstraia o contexto e capte a essência do artigo que ela apreciou tanto e veja se essa essência tem algo a ver com ela. Como resposta, ela diz que o que considerou interessante e bem escrito no artigo foi o fato de a autora captar os dois lados de uma mesma realidade. Ver os dois lados de uma situação é algo que ela aprecia. Isso a faz se lembrar dos tempos de universidade e da política estudantil, quando, adotando uma posição de direita, apreciava ouvir as reivindicações de esquerda, vendo que eles tinham razão em muitas coisas, embora isso não alterasse sua posição política.

Ela se lembra também de um fato na relação com o pai, quando ela era uma adolescente de catorze anos. O pai estava com problemas nos negócios. Ele era dono de um engenho de cana-de-açúcar, e era época de tumulto no campo, por conta das Ligas Camponesas. Embora estivesse muito tenso com a situação, ele teve uma atitude muito corajosa e mostrou grande isenção de pensamento: o advogado de defesa das Ligas Camponesas havia sido preso, e seu pai se ofereceu para testemunhar a favor do homem, embora estivessem em campos adversários. Ao ser questionado pela filha, que não estava entendendo seu comportamento, disse que ela não podia misturar as coisas. O advogado era sério, apenas professava ideias diferentes das dele. Mas todo mundo tem direito a ter ideias próprias, e o advogado não havia feito nada contra a lei, nada que justificasse prisão e tortura. Naquela ocasião, ele mostrou a Flávia os dois lados de uma mesma realidade, o que ela apreciou, admirando-o por isso.

Lembrou-se também de que, por conta da rejeição da mãe, que a considerava feia, em criança ela desejava muito que a mãe visse o outro lado dela. Essa necessidade de ser vista pelo outro lado da realidade fez com que ela, já adulta, tomasse a decisão de fazer as filhas cursarem a universidade no exterior, para que pudessem ver o outro lado da vida.

Quando pergunto a Flávia sobre seu trabalho, se vê nele outras situações repetitivas, ela diz que sim. Flávia é empresária, mas gosta de ouvir o lado do funcionário. Isso é tão forte nessa relação que, algumas vezes, aqueles que são demitidos – e até mesmo os ex-funcionários – pedem para conversar com ela e lhe dão a visão deles no que se refere à empresa, embora isso não vá mudar em nada suas demissões. Novamente estão presentes os dois lados: ela, como patrão, ouvindo o empregado.

Interessar-se pelo outro lado sem mudar de posição – eis aí um comportamento típico dela, atual, que estende suas raízes para bem longe: à infância na relação com a mãe, à adolescência na relação com o pai, a sua vida de estudante, à relação com suas filhas e a sua relação profissional.

Ao participar desse trabalho objetivo, ela vê novamente os dois lados de uma realidade. Flávia formou-se em psicologia clínica e, há algum tempo, fez psicanálise; hoje, com essa minha forma diferente de trabalhar, está experimentando outro lado, que se opõe à técnica psicanalítica vigente. Pergunto a ela se, em termos de sentimentos, há alguma repetição em relação a esse trabalho. E ela diz que sim. Só havia se dado conta disso agora, quando esse assunto foi trazido à tona. O interesse por esse trabalho tem a ver com o fato de ele revelar o outro lado (através de uma outra abordagem) de uma mesma realidade psíquica – que já havia sido abordada na psicanálise –, e não só com o fato de ser algo novo que ela se animou em conhecer.

Chegou-se, então, a uma característica típica de Flávia: interessar-se pelo outro lado, gostar de situações que apresentem os dois lados. Essa característica está no passado e se revela também hoje, de forma muito nítida, com a técnica de abstração da essência. O interessante é que esse exemplo, não interpretativo, satisfaz na essência o objetivo das interpretações psicanalíticas. Segundo Malcolm (1986, 1989, p. 106), "O analista compreende a relação atual que o paciente tem com ele como uma função do passado. Assim, sua compreensão do presente é a compreensão do passado do paciente tornado vivo e atual".

Hoje, com a técnica objetiva, foram tornadas vivas as palavras de Malcolm: a minha compreensão do momento presente de Flávia (o interesse pelos dois lados de uma mesma realidade) é a compreensão do passado da paciente (a relação com a mãe, a relação com o pai, com a política universitária, com as filhas e com o trabalho), tornado vivo e atual. Se eu tivesse adotado alguma das interpretações levantadas pela minha contratransferência, teria tomado um caminho se não perturbador para a paciente, pelo menos infrutífero. Fica questionada aqui a utilidade do uso da contratransferência para o entendimento do inconsciente do paciente. O terapeuta precisa ser, por um momento, GH, personagem da obra de

Clarice Lispector (1998, p. 27): "[...] acho que estou precisando de olhar sem que a cor dos meus olhos importe, preciso ficar isenta de mim para ver". Essa frase diz (embora não seja essa a sua intenção) como deveria ser o trabalho psicanalítico: ver sem que importe a "cor dos olhos" do terapeuta. Mas, em psicanálise, esse olhar se evapora na prática, quando se leva em conta a contratransferência para entender o inconsciente do paciente. Considerar a contratransferência é olhar de maneira que importe a cor dos olhos daquele que olha. É não ficar isento de si para ver. É preciso ser GH para tentar ver, de forma isenta, o Eu da paciente – que está parcialmente inconsciente – para depois dar de presente a ela o "si própria".

Com relação à revista trazida por Flávia, vale notar que o artigo não me interessou, apesar de ter chamado a atenção dela. O artigo ia ao encontro do interesse da paciente porque abordava os dois lados de uma mesma realidade – o que dizia respeito a sua história, e não a minha. Questionar o uso da contratransferência para a compreensão do que está se passando na relação terapêutica – que é o que está sendo feito aqui – é ir contra a tendência da psicanálise atual, em que a contratransferência tem posição de destaque. Hoje ela é foco de inúmeros estudos, nos quais aparece não só em sua denominação original, mas também em conceitos correlatos que a incluem, como bem lembram Zaslavsky e Santos (2005, p. 294), em seu artigo "Contratransferência em psicoterapia e psiquiatria hoje": *identificação projetiva, campo analítico, role-responsiveness, enactment* ["encenação"], *intersubjetividade* e *terceiro analítico, personagem e histórias possíveis* etc. Por outro lado, a técnica psicanalítica vem se detendo na relação estabelecida pelo par psicanalítico. "O que era a psicologia de um torna-se uma psicologia do vínculo que une dois." Considerando transferência uma forma de condicionamento, o "vínculo que une dois", ao meu ver, pode se transformar no fosso que separa dois, cada qual pensando, sentindo e reagindo dentro de seus condicionamentos e de sua própria história.

A necessidade de uma técnica objetiva para a psicanálise e a ideia de que a transferência tem a ver com condicionamento, e não com repressões e resistências, encontra reforço num artigo de Eric Kandel (2003), "A biologia e o futuro da psicanálise: um novo referencial intelectual para a psiquiatria revisitado". Nesse artigo ele afirma que, embora a psicanálise tenha sido a teoria psicológica motivacional mais completa e revoluciona-do o pensamento na primeira metade do século XX, hoje encontra-se em declínio. A razão apresentada por Kandel para justificar isso está em seu método de pesquisa, que é subjetivo, sujeito à parcialidade do investigador, o que não ajuda a estruturar uma base para a ciência da mente (p.140).

Ainda sobre o declínio da psicanálise, Kandel diz que ela não tem trazi-do mais novos *insights* – salvo, talvez, na área infantil (p.139). Ele sugere, para o revigoramento da psicanálise, uma aproximação da biologia, em geral, e da neurociência cognitiva, em particular.

Tem ocorrido descobertas em biologia que parecem contestar ideias psicanalíticas, como é o caso da não existência de repressão em crianças pequenas, porque elas não têm memória declarativa (memória explícita, consciente [p.143]). Elas não se esquecem porque reprimem, mas porque, presumivelmente, não memorizam (p.151). Logo, a repressão de vivências infantis, como reza a psicanálise, precisa ser revisada ou, pelo menos, ques-tionada. Já outras ideias em biologia, sugere Kandel, podem reforçar outras tantas em psicanálise, como é o caso de experiências precoces contribuindo para a estruturação da patologia. Um exemplo notável é o de como ex-periências precoces alteram a regulagem, das respostas biológicas ao stress (p.152), causando danos reversíveis e até mesmo irreversíveis – dependendo da duração do stress – aos neurônios do hipocampo (p.152-153). Já a depres-são parece estar ligada a alterações no eixo hipotalâmico-pituitário (p.153). Tem-se constatado, também, que mudanças estruturais no cérebro ocorrem na infância porque o cérebro, por essa época, é mais sensível a ser modifi-cado pela experiência (p.158). E, finalmente, com o avanço nas técnicas de imagem, estamos diante da possibilidade de os progressos em terapia serem monitorados por essas técnicas de visualização do cérebro (p.158).

Urge então que a psicanálise desenvolva métodos objetivos de pesquisa, para que possa usufruir das ciências afins e, também, dar sua contribuição a elas. E é nessa direção, de uma técnica objetiva, que caminha este livro.

Serão apresentados aqui casos de depressão, de ansiedade e de síndro-me do pânico que foram analisados pelo método objetivo de pinçamento das repetições e nos quais foi encontrada a estruturação da patologia teci-da nas experiências infantis.

Além desses casos, serão vistos outros em que não é apenas a patologia que está instalada na infância, mas também a estruturação da subjetividade. Esses casos serão examinados de forma mais ampla no terceiro corolário, demonstrando as estruturações do Eu – normal e patológica –, estudadas em suas linhas repetitivas.

Analisando o que foi visto até agora, podemos dizer que o questionamento da psicanálise tradicional a partir de uma nova forma de ver a repetição atinge alicerces teóricos e técnicos, abrindo um grande campo de pesquisa no qual componentes do mundo psicológico do indivíduo, como percepções, pensamentos, raciocínios, impulsos, sensações, desejos, emoções, sentimentos e comportamentos do presente, podem ser examinados dentro de seus condicionamentos passados e inconscientes. Até agora foram apresentados exemplos (um em cada adulto) de medo, curiosidade, fantasia, sofrimento pela perda do lugar, interesse por determinado tema; todos se passam no presente, mas têm seu ponto de partida num passado distante, à exceção do Caso Beatriz, cujo exemplo se referia apenas à transferência de um passado recente. Então, cada pensamento, raciocínio, sentimento, comportamento (ou outro componente do mundo psicológico) pode, a princípio, traçar uma linha repetitiva que vai da infância à vida adulta. Como em todas as pessoas podem coexistir vários tipos de pensamentos, sentimentos e comportamentos mediante determinados estímulos, seria possível imaginar uma pessoa única, X, detentora de todas essas linhas de repetição.

Dando continuidade a esse raciocínio, a pessoa X, com suas várias linhas de repetição, na verdade estaria revelando seu Eu, porque o Eu é a maneira típica de ser de cada um, e é necessariamente repetitivo (tipicidade supõe repetição). Mas essas linhas repetitivas (quando numa pessoa só) não são isoladas entre si; elas se interligam. Uma está ligada à outra; algumas até derivam de outras ou propiciam derivações, formando uma teia de reações psicológicas interligadas, repetitivas, que pode ser chamada de *padrão repetitivo psicológico (PRP)*; ela corresponde à identidade psicológica do indivíduo, a seu Eu.

O que será visto agora é a estruturação do Eu (padrão repetitivo psicológico) a partir das linhas repetitivas das pacientes e de suas interconexões.

A estruturação do Eu é a estruturação da maneira de ser do indivíduo; ela questiona, de passagem, mais um pilar da psicanálise: Édipo, não só na universalidade de sua existência (todos teriam que passar por ele), mas também em sua função como estruturante do Eu. Pela técnica da objetividade não existe uma experiência comum a todas as crianças – no caso, a vivência edípica, de cujo desfecho o Eu dependeria para ser normal, neurótico ou psicótico. O que existe, nessa visão objetiva da subjetividade, são experiências individuais resultantes da reação de um potencial inato cognitivo, emocional e comportamental ao meio ambiente, reação essa que cria uma estrutura única, complexa, integrada por percepções, raciocínios, sentimentos, comportamentos que se repetem ao longo do tempo (infância, adolescência e maturidade) e nos vários contextos (familiar, social, profissional) e que definem a subjetividade de cada um[2]. Essa estrutura única, complexa, integrada em seus vários elementos, nos dá nossa identidade psicológica, nossa maneira de ser, da qual somos conscientes e que vai até nossa infância. Nós temos consciência de nossa maneira de ser; o que não temos é consciência de sua estruturação infantil, do condicionamento e do processo associativo inconsciente que unem o passado ao presente. O que parecia extremamente complexo, dada a diversidade de Eus existentes (tantos quantos forem os indivíduos), poderia ser estudado de uma forma mais simples e abrangente, que nos revelaria sua diversidade ao mesmo tempo que nos daria uma técnica objetiva de acesso à subjetividade. A visão objetiva da subjetividade nos daria, a meu ver, caminhos simples (na verdade, os mesmos caminhos), tanto para a abordagem da patologia como para a abordagem da estruturação normal do Eu. É o que tentarei apresentar a seguir, na demonstração de um terceiro corolário, que é mais uma decorrência lógica da forma objetiva de ver a repetição.

2.3 Terceiro corolário

Considerando que o Eu é a maneira típica de ser (perceber, pensar, sentir e comportar-se) de determinado indivíduo, reconhecida por ele

....

[2] Estão sendo usados *Eu, maneira de ser* e *subjetividade* como sinônimos.

como sua e diferente das demais; considerando que a maneira típica de ser é dada pela repetição, é possível dizer que o Eu se estrutura a partir da infância (Freud já havia dito isso), que é onde estão os pontos de partida da repetição do adulto, como já foi visto.

Considerando que os pontos de partida da repetição do adulto encontram-se na infância e que esses pontos de partida são reações inatas ao meio ambiente, poderíamos dizer que não há uma vivência comum a todas as crianças, porque cada uma tem seu potencial genético, que dá uma maneira específica de captar e reagir ao meio ambiente, o que questiona o Édipo como vivência comum a todos e como definidora do Eu.

Na argumentação serão usados dois casos de estruturação do Eu a partir de um ambiente rejeitador: o Caso Flávia, (já usado no segundo corolário do Capítulo 2, para demonstrar a repetição em sessões psicoterápicas), que tem como ponto de partida a rejeição da mãe, mas em que o Eu que se desenvolve a partir dessa rejeição consegue dar a volta por cima e transformar a paciente numa empresária bem-sucedida e que se considera uma pessoa feliz e realizada, com uma família bem estruturada; e o Caso Graça, também um Eu que se estruturou a partir da rejeição da mãe, mas não conseguiu dar a volta por cima, como Flávia. Tem baixa autoestima, considera-se uma pessoa infeliz e fracassada, e traz em sua história duas tentativas de suicídio.

Com esses dois casos, é possível ilustrar duas estruturas de Eu totalmente diferentes, embora a maneira com que elas foram construídas seja a mesma: o potencial psicológico e genético de cada uma reagindo ao meio ambiente rejeitador de determinada forma, repetitiva ao longo do tempo, graças à memória, que arquiva os fatos, e ao processo associativo, que faz a interligação. Esse processo associativo pode ser consciente ou inconsciente.

Caso Flávia

No segundo corolário, foram vistas em Flávia duas linhas repetitivas: sofrimento pela perda do lugar; valorização e interesse pelo outro lado da realidade. Em ambas, foram analisados exemplos na infância e na vida adulta. Agora serão vistas outras linhas repetitivas, que, aliadas às que foram vistas no Capítulo 2, estruturam o Eu adulto de Flávia. Como essas linhas começam na infância, é lá que sua história será iniciada.

Flávia foi rejeitada pela mãe por ser considerada feia. Antes dela, a mãe teve outra filha, que faleceu aos cinco meses de idade; era um lindo bebê de olhos azuis. Ainda pequena, Flávia lembra-se de ficar na frente do espelho e perguntar a si mesma se sua vida teria sido diferente caso tivesse nascido com olhos azuis. Esse questionamento, ainda incipiente, já aponta para uma criança com tendência reflexiva, tendência essa que vai se desenvolver com o passar do tempo. Aos seis anos, Flávia levou uma surra da mãe e decidiu nunca mais dar motivos para que tal coisa voltasse a acontecer; então, deu um basta na rejeição ao voltar-se para os estudos e as brincadeiras solitárias. Mostrou ser responsável e, com o tempo, foi assumindo tarefas destinadas a crianças em faixa etária acima da sua. Lembra-se de que, depois dos oito anos, era ela quem comprava presentes para casamentos e aniversários, porque a mãe tinha síndrome do pânico. Tomava o ônibus sozinha e, na loja, refletia, escolhia, decidia. Já temos aqui o ponto de partida de um Eu, que reflete sozinho e toma decisões sem consultar ninguém; esse comportamento a diferenciava das colegas de mesma idade, o que fazia com que sua autoestima aumentasse e ela se sentisse valorizada.

Aos 14 anos, o pai estava com problemas no engenho, por conta das Ligas Camponesas, e gostava de conversar com ela. Ouvia a opinião dela, fazia-lhe perguntas; com isso, sentia-se desempenhando, também nesse caso, um papel que ia além dos destinados a sua faixa etária. Isso levantava novamente sua autoestima e a colocava de novo numa posição diferenciada em relação às amigas (como acontecia nas compras, quando tinha oito anos). Aos 15 anos, o pai adoece gravemente, e mais uma vez, ela assume uma tarefa além de sua faixa etária. É ela quem toma conta das enfermeiras que cuidam do pai, dos remédios que ele tem que tomar, dos pagamentos que precisam ser feitos. Depois, quando o pai morre, mais uma reflexão, uma decisão e uma responsabilidade: ela decide assumir o espólio e para tal foi decretada pelo juiz Menor Púbere, passando a trabalhar dando aulas de matemática para custear os estudos.

Graças a todas essas demonstrações de valor, capacidade e responsabilidade, Flávia vai criando um lugar dentro da família. Mas, quando começa a namorar, a mãe rejeita o rapaz e velhas rixas reaparecem, porque ela não consegue fazer com que a mãe veja "o outro lado" dele (assim como a mãe não via o outro lado dela em criança); a mãe só via o fato de ele não ser de família tradicional, da alta sociedade (assim como, em criança, a mãe só via o fato de ela não ser bonita). Com o passar do tempo, Flávia refletiu sozinha e tomou a decisão de sair de casa para se casar (mais uma vez, entrou em ação seu lado reflexivo e decidido), abandonando o lugar que tinha construído com tanto esforço no seio da família. Com isso, deu um basta na rejeição da mãe ao namorado (como lhe deu um basta em relação à surra). Lembra-se de que, depois de tomar a decisão de se casar, só avisou à mãe na véspera; chorou copiosamente quando saiu de casa, pela perda de seu lugar na família – lugar esse conquistado à custa da prova de sua capacidade e sua responsabilidade.

Depois de formada, Flávia conseguiu um emprego num colégio grande, tradicional e foi criando seu lugar ali. Lembra-se de que a diretora, uma senhora bem mais velha do que ela e que dirigia o colégio de forma autoritária e inconteste, chamava-a para conversar, gostava de ouvir sua opinião e costumava trocar ideias com ela, apesar da pouca idade de Flávia e de ela estar iniciando sua carreira profissional. Se olharmos para trás, veremos Flávia aos catorze anos, conversando com o pai sobre o trabalho dele, ele gostando de conversar com ela e de ouvir sua opinião, como faria, mais tarde, a diretora do colégio. Mais uma vez, ela vai se sentindo valorizada e orgulhosa do que está conseguindo.

Contudo, o marido, que estava indo bem na empresa, convidou-a para trabalhar com ele. Ela não queria – gostava do trabalho que vinha realizando no colégio. Vinha criando seu lugar dentro da área de atuação que havia escolhido e não queria abandonar tudo. Entretanto, o marido tinha um argumento de peso: se ele morresse, Flávia poderia sustentar os filhos com a empresa, o que seria difícil se ela permanecesse em sua profissão. Ora, ela havia passado por isso (problemas financeiros) quando da morte do pai; lembrava-se de que ficara com raiva por ele não ter sido previdente antes de adoecer, e não quis correr o risco de repetir o passado e deixar de ser previdente em relação às filhas. Refletiu muito e tomou a dolorosa decisão de sair do colégio para trabalhar na empresa do marido (assim como refletiu muito e tomou a dolorosa decisão de sair de casa para se casar). Lembra-se de que sofreu muito e de que chorava convulsivamente a perda de seu lugar no colégio, assim como sofreu e chorou outras perdas de lugar: quando do nascimento dos irmãos (segundo corolário), na saída da família para se casar e na psicanálise (segundo corolário).

Chegando à empresa, ela é rejeitada pelos funcionários: é a mulher do patrão; aquela que não tem competência para o cargo, aquela que está ali exclusivamente por ser casada com o dono. Sente a rejeição. Reflete e, sem dizer nada a ninguém, decide entrar em cursos profissionalizantes para adquirir capacitação administrativa e, com isso, dar um basta na rejeição (assim como fez em relação à mãe, quando deu um basta na rejeição ao deixar de dar motivos para surras, voltando-se também para os estudos, adquirindo com isso um lugar dentro da família), criando um lugar seu dentro da empresa. Hoje é benquista pelos funcionários, que não só respeitam Flávia como gostam de conversar com ela, que se interessa em ouvir o lado deles, mesmo que não mude de opinião – assim como gostava de ouvir o lado da esquerda na política (segundo corolário), embora mantivesse as ideias de direita; assim como gostava de perceber que o pai via o outro lado do advogado das Ligas Camponesas (segundo corolário); assim como adoraria que a mãe tivesse visto não apenas o outro lado dela em criança, não se atendo apenas ao lado estético, e também o outro lado de seu namorado, não se atendo apenas ao fato de ele não ser de uma família tradicional. Tudo isso porque, em criança, ela foi rejeitada pela mãe, que só via um lado dela, o que a fez desenvolver uma valorização da visão dos dois lados da realidade; o que a faz apreciar um artigo de revista que retrata os dois lados de uma mesma realidade (segundo corolário); ou a faz mandar as filhas estudarem no exterior para que vejam o outro lado da vida (segundo corolário).

Vê-se, então, que o padrão típico de Flávia – padrão esse que revela seu Eu – não tem nada a ver com Édipo, embora traga uma forte carga emocional em relação à mãe que a rejeita. A estruturação de seu Eu tem a ver com uma reação ao meio ambiente, que vai depender do potencial genético de cada um e do tipo de ambiente que a criança encontra ao nascer. Essa reação vai se repetir toda vez que se repetir, por parte do meio ambiente, um estímulo determinado. Para ficar mais claro, serão pinçadas as linhas repetitivas acompanhadas dos contextos em que se repetem.

2.3.1 Linhas repetitivas por parte do meio ambiente

- Rejeição
  - Da mãe em criança;
  - Da mãe rejeitando o namorado na juventude;
  - Dos funcionários da empresa.

2.3.2 Linhas repetitivas por parte do potencial inato reagindo ao meio ambiente

- Reflexão e tomada de decisão sozinha
  - Reflete, em criança, se sua vida seria diferente caso tivesse nascido com olhos azuis;
  - Aos oito anos, reflete e decide sozinha sobre a compra de presentes;
  - Quando da morte do pai, reflete e decide assumir o espólio;
  - Reflete e decide dar aulas para custear os estudos;
  - Reflete e decide se casar, avisando à mãe apenas na véspera da cerimônia;
  - Reflete e decide sair do colégio que lhe gratifica;
  - Reflete e sai da psicanálise (segundo corolário).

- Dá um basta na rejeição ao demonstrar capacidade e responsabilidade
  - Em criança, volta-se para os estudos, desenvolvendo competência e responsabilidade;
  - Na empresa. volta-se para os estudos, demonstrando competência e responsabilidade.

- Mostra outro lado de valor
  - Criança responsável;
  - Diretora de empresa responsável.

- Gosta e valoriza a visão do outro lado da realidade
  - Admira o pai por ver o outro lado do advogado;
  - Na política estudantil, gosta de ouvir o outro lado, embora permaneça com suas convicções;
  - Na empresa, gosta de ouvir o lado do funcionário;
  - Na terapia, traz um artigo de que gostou, porque este mostra os dois lados de uma mesma realidade (segundo corolário).

- Assume tarefas que vão além das destinadas a crianças de sua faixa etária ou de seu preparo, o que eleva sua autoestima
  - Em criança, faz compras sozinha;
  - Quando adolescente, ouve os problemas do pai, dando sua opinião;
  - Quando psicóloga do colégio, ouve os problemas da diretora;
  - Quando da morte do pai, assume a responsabilidade financeira pela família.

- Cria um lugar seu
  - Na família de origem;
  - Na família por opção;
  - No colégio onde trabalhou;
  - Na empresa.

- Sofre com a perda de seu lugar
  - Na família, quando nasce um irmão e quando sai para se casar;
  - Na psicanálise, quando chega um paciente novo (segundo corolário);
  - No colégio, quando sai do emprego.

Essa apresentação mostra as linhas repetitivas e seus variados contextos. Elas parecem isoladas, mas não o são. Na infância, é possível imaginar que a primeira reação dá origem a outras, que originam outras, e assim vão formando uma teia interligada que pode ser ativada a qualquer instante, desde que seja percebido um estímulo adequado para deflagrar a repetição. Essa teia de interligações que vai se tornar típica de Flávia será carregada consigo para as várias situações de sua vida. Ela a carregará consigo porque é seu Eu, sua maneira de ser, de perceber, de sentir, de pensar, de desejar, de se comportar, que foi estruturada na infância e a acompanhará ao longo da vida.

Será feito aqui um exercício de especulação que parece perfeitamente crível, uma vez que sugere um funcionamento mental que não entra em contradição com o funcionamento cerebral, ao contrário: parece análogo a ele. Análogo porque o funcionamento cerebral supõe também uma rede de componentes interconectados similar a um mapa de metrô, em que o grupo de nós e centros interconectados ajuda a direcionar o pensamento e o comportamento (Carey, 2008). Então, parece perfeitamente viável, em relação ao funcionamento mental, supor a existência de uma estrutura (teia) mental interligada – o Eu – formada por percepções, emoções, sentimentos, raciocínios, pensamentos, desejos, comportamentos, todos interligados à semelhança da teia cerebral, uma vez que o funcionamento do cérebro está ligado ao funcionamento da mente. Com os avanços tecnológicos na área de imagem – que captam o funcionamento cerebral a partir de situações de *stress* (Kandel, p. 152-153), e nos colocam diante da probabilidade do monitoramento de psicoterapia (Kandel, p. 158) –, talvez seja possível, futuramente, levantar a hipótese de um paralelismo entre a teia mental e a teia cerebral e de uma correspondência entre seus elementos.

Observe a teia interligada: Flávia percebe a rejeição da mãe (por considerá-la feia e por ter perdido uma filha linda antes de Flávia nascer). Essa percepção faz com que ela sofra e desenvolva o desejo de que outro lado seu seja visto, para colocar um ponto final em seu sofrimento. Vê-se aqui uma percepção da rejeição originando sofrimento, o qual, por sua vez, vai originar um raciocínio, um desejo, uma necessidade: a mãe precisa ver outro lado seu! Esse desejo, necessidade ou raciocínio não se concretiza; então, ela decide (raciocínio, pensamento) que não dará mais motivos para surras e volta-se para os estudos (comportamento) e para as brincadeiras solitárias (comportamento), desenvolvendo o hábito de refletir (pensamento, raciocínio) e de decidir sozinha (conclusões do raciocínio), desenvolvendo a responsabilidade (comportamento) e assumindo tarefas destinadas a crianças em faixa etária acima da sua (comportamento, percepção), o que lhe gratifica (sentimento), lhe dá orgulho (sentimento) de si própria e eleva sua autoestima (percepção de si própria, raciocínio). Seu comportamento a faz criar um lugar dentro do ambiente em que ela está inserida, o que lhe dá prazer (sentimento, emoção) e satisfaz seu desejo de que outro lado seu seja visto (desejo), lado este de valor (percepção de si própria). Isso cria nela uma valorização da percepção do outro lado com relação à realidade (já que lhe dá prazer o fato de seu outro lado ter sido visto); consequentemente, isso a faz gostar de situações que revelem o outro lado de determinadas realidades. A estruturação de um lugar seu, de valor (comportamento), lhe dá prazer (sentimento), e ela entra em negro desespero (sentimento, emoção) quando perde seu lugar pela chegada de algo novo (percepção). Esse negro desespero (sentimento) acontece porque foi com muito esforço que ela conseguiu seu lugar (comportamento), e a perda faz com que ela encete o mesmo esforço para criar, mais uma vez, um novo lugar, no novo ambiente em que entrou. Nesse novo lugar começa tudo de novo, porque ela percebe a rejeição e precisa novamente demonstrar o seu valor. Consequentemente, os sentimentos, os raciocínios, os pensamentos, os comportamentos vão se repetindo a partir de uma mesma percepção, formando essa teia interligada, estruturando e ratificando sua maneira de ser, seu Eu.

Ao observar essa teia interligada, notamos que ela corresponde a um padrão de repetição psicológico que se estrutura na infância, é encontrado na adolescência e na vida adulta, tanto na relação familiar como na relação profissional. É o Eu de Flávia, sua identidade psicológica. À semelhança do DNA, que confere uma identidade biológica ao ser humano, o qual já traz em seu genoma (conjunto de genes em que se encontra o DNA) até as doenças que pode vir a desenvolver (Pereira, 2005), o PRP traz não só as linhas mestras da estruturação do Eu adulto, mas também a patologia psicológica que o indivíduo poderá vir a desenvolver. É o que será visto a seguir, no Caso Graça, outra história de rejeição materna em que será visto, mais uma vez, que o Eu se estrutura também na infância, através da reação inata da criança ao meio ambiente. Nesse caso, porém, a reação de criança não foi favorável a Graça, e ela enveredou por um caminho de sofrimento, baixa autoestima e sentimentos de inferioridade (ser boba, trapalhona, insignificante, um estorvo). Extremamente carente, concluiu, por conta de determinada experiência, que fazer coisas perigosas poderia ajudá-la a chamar a atenção de que precisava, então enveredou por caminhos perigosos, chegando a tentar suicídio. O Caso Graça é uma história de depressão, que será vista desde o momento atual até a tentativa de suicídio. A seguir, examinaremos a infância, a adolescência e a juventude da paciente, chegando à sua primeira tentativa de suicídio, aos vinte anos, vendo que há a repetição de um padrão (PRP) estruturado na infância.

Caso Graça

Graça é uma senhora de 57 anos, com forte depressão e em acompanhamento psiquiátrico. Toma remédios e apresenta um rosto inexpressivo, desligado, ausente – em parte por conta da medicação, noutra por causa dos problemas que a dominam e que não permitem que ela se concentre em mais nada além deles. Não consegue ver televisão, nem conversar, nem ler. Fica dentro de casa, andando de um lado para o outro, fumando e tomando remédios quando a angústia é insuportável – até o dia em que, em desespero, tenta o suicídio com overdose medicamentosa.

Graça está mergulhada numa grave crise financeira, como nunca esteve antes, embora sua vida sempre tenha sido de altos e baixos em matéria de dinheiro. O trabalho do marido está ligado ao transporte de produtos sazonais; na época da safra, ficam bem financeiramente e, depois, na da entressafra, vivem do que foi arrecadado na safra. Houve um tempo em que as empresas com as quais os dois mantinham contato estavam bem, e não só havia muitos transportes como eram bem pagos. Nessa época eles conseguiram construir um patrimônio, mas, quando o setor entrou em crise e a concorrência no transporte aumentou, o ganho com a safra já não cobria a entressafra, e eles começaram a se endividar. As dívidas foram aumentando; para saldá-las, precisaram, aos poucos, ir vendendo seu patrimônio. Com isso, foram perdendo todos os bens, um a um, bens pelos quais lutaram e que se esforçaram para adquirir.

Graça enfrentou bem as primeiras perdas, mas, quando chegou a hora de vender o apartamento onde moravam e se mudar para um menor, ela ficou completamente desestruturada. Era um apartamento que significava muito para ela; fora comprado com sacrifício e arrumado aos poucos, à moda dela, do jeito que ela gostava. Os móveis e objetos eram todos de seu agrado. Ela se sentia bem em contato com eles. Era um lugar onde se sentia segura. Um lugar que havia construído, que era seu, onde se sentia bem, que lhe dava segurança e bem-estar. A perda de seu lugar deixou-a desesperada. Deprimida. Infeliz. Inferiorizada. Com a terrível sensação de ser menor, de ser insignificante.

Outras regiões agrícolas estavam indo bem, e seu marido conseguiu um contrato para o transporte da safra de outra empresa, situada perto de uma cidadezinha do interior. Era uma cidade distante, pequenina, mas ele estava animado com a perspectiva de ganhar bem. Ela o acompanhou, e, realmente, ele conseguiu fazer lá o que fazia aqui. Porém, o ganho não seria tão grande, como imaginaram inicialmente. Eles não conseguiriam se recuperar financeiramente, nem recuperar o que haviam perdido. Não haveria retorno.

A cidade do interior, mínima, quente, feia, no fim do mundo, foi desesperando Graça. Sem perspectivas, sem saída, angustiada, só, ela precisava desesperadamente da atenção do marido, que, às voltas com os caminhoneiros e os problemas financeiros, não tinha como suprir essa necessidade.

O marido tinha um comportamento oscilante: ora estava animado, achando que teriam futuro, que iam vencer, ora deixava-se levar pelo desânimo. Essa oscilação repercutia nela, desestabilizando-a. Sentia-se encurralada, num beco sem saída. O marido, aos sessenta anos, não conseguiria mais emprego, e o transporte era insuficiente para viverem. Além do mais, ela se sentia fracassada e culpada. Cometera um erro grave: ter vendido o apartamento. Nunca o reaveriam, e essa ideia a enlouquecia. Fazia-a odiar a si própria.

O marido dizia-lhe que não conseguia dormir por causa da preocupação com as dívidas – tinha que vender o apartamento. E ela concordara. Mas, depois, viu que fora uma precipitação, e estava arrependida de ter dado esse passo. Era uma bobalhona. Trapalhona. Fora um comportamento impulsivo. Não tinham conversado com amigos, que, de cabeça fria, poderiam orientá-los mais objetivamente. Aquilo não saía de sua cabeça. O desespero aumentava interiormente, se avolumava sem parar, perigosamente... Era o sonho de uma vida inteira que estava indo por água abaixo. Ela sempre sonhara com uma vida tranquila na velhice, dentro de seu apartamento, com segurança financeira, com a família unida e os amigos por perto. Agora estava só. Tremendamente só. Os filhos estavam longe, os amigos também, e eles não tinham perspectivas de melhorar financeiramente. Sentia-se menor, fracassada, desesperada.

No dia da tentativa de suicídio, seu desespero era enorme. Só, sem poder desabafar com ninguém, isolada, angustiada, necessitava desesperadamente de atenção. Estava muito frágil. Precisava do marido. Sentia-se um estorvo, um pacote a ser carregado, que atrapalhava o marido, mas não aguentava ficar só. Ficava telefonando para ele, chamando-o para ir para casa. Ele dizia que iria assim que pudesse, mas ela não aguentava esperar, e ele não se dava conta da gravidade do momento. Acuada, naquela casinha minúscula e desconfortável, num lugar que não era o seu, se perguntando o que estava fazendo ali, naquele lugar horroroso, quente e desmantelado, Graça começou a tomar remédios. Queria parar de pensar. Tirar aquele desespero da mente. Fazer cessar aquela angústia. E foi tomando um comprimido após o outro, até que perdeu os sentidos. Foi assim que o marido a encontrou: desacordada, mas ainda em tempo de ser hospitalizada e salva.

Abstraindo os pensamentos, emoções, sentimentos e comportamentos componentes do quadro depressivo da atualidade e fazendo um levantamento da história de vida da paciente, é possível constatar que os componentes do quadro depressivo começaram a se estruturar na infância, foram reforçados na adolescência e, por fim, desembocaram na vida adulta e na crise atual. Houve uma primeira tentativa de suicídio aos vinte anos, quando todos os elementos psicológicos existentes na depressão atual também estavam presentes; mudava apenas o contexto em que eles se inseriam. São as experiências precoces armando a psicopatologia. São cérebro e mente entranhados, caminhando juntos da infância à vida adulta, estruturando um Eu fragilizado que se desestrutura diante da adversidade, seguindo uma linha característica, que tem seu ponto de partida em experiências infantis.

Isolando os componentes psicológicos do quadro depressivo da atualidade, temos: o sentir-se menor, insignificante, boba, trapalhona, um pacote a ser carregado. Temos também a solidão, o não ter com quem falar, o fracasso, a culpa, o ódio a si própria pelo erro cometido, a não concretização de seus objetivos, o beco sem saída, a impossibilidade de retorno ao passado, o desespero, a desestruturação pelo comportamento oscilante do outro. Veremos também a carência afetiva, que talvez tenha sido, em última instância, o que a levou ao ato tresloucado de tomar overdose ou de dar um tiro em si mesma aos vinte anos. Afinal, como veremos mais adiante, ela tinha aprendido que fazer coisas perigosas podia atrair a atenção de que ela precisa desesperadamente. Façamos agora o levantamento de sua história de vida, da infância aos vinte anos, quando da primeira tentativa de suicídio, o que deixará clara a existência de um padrão repetitivo psíquico. Passemos às lembranças dessa época: Graça é a terceira de uma família de seis filhos. Essa circunstância, de ser a menor no grupo das irmãs mais velhas (havia uma diferença de idade de três e quatro anos em relação a elas), acrescida do fato de não receber atenção da mãe (que tinha uma visível predileção pelas meninas mais velhas), foi definidora de um sentimento de inferioridade, de insignificância e uma baixa autoestima. Era a menor. Sentia-se menor. Cresceu menor. E esse sentimento de menor, de insignificância, tornou-se um pano de fundo que a acompanharia por toda a sua vida, exacerbando-se na crise dos vinte anos e na crise atual.

Por ser menor fisicamente, na infância, ela não tinha condições de acompanhar as irmãs, embora quisesse muito. Atrapalhava as brincadeiras. As irmãs a rejeitavam. Chamavam-na de bobona. E ela sentia-se bobona, chorando com facilidade. Ficava muito só, perambulando dentro de casa, sem ter com quem brincar. Lembra-se do dia em que ganhou a primeira bicicleta e do prazer que sentiu quando pedalou no pátio. Podia brincar sozinha. Era um prazer enorme.

Às vezes, a mãe obrigava as filhas a deixarem Graça participar das brincadeiras. Era pior. Sentia-se um peso, um estorvo, um pacote a ser carregado de um lado para o outro, atrapalhando, incomodando... Esses mesmos sentimentos vão se repetir no casamento. O marido gostava de ir a bares, mas gostava de ir sozinho. Não a levava consigo, a não ser que fosse obrigado a isso, o que era o caso quando os amigos levavam suas esposas. Nesse momento sentia-se um estorvo, um pacote a ser carregado pelo marido, atrapalhando-o, incomodando-o... Esse mesmo sentimento vai se repetir na crise atual, em que também se sente um estorvo, um pacote, um peso, porque, em vez de ajudar o marido a sustentar a família, traz para ele mais despesas e problemas, o que a deixa com sentimentos de culpa, de fracasso, de menor...

O sentimento de inferioridade – de menor, na comparação com os outros – que já existia na infância vai sendo reforçado ao longo da vida, tornando-se sua realidade, sua marca registrada. Sua consciência de si própria. Seu Eu. Sua identidade.

Voltando à infância, aos sete anos, durante as férias na fazenda, Graça cavalgava com as irmãs e os primos, mas tinha dificuldade de acompanhá--los, porque caía e se machucava. Nessa idade, era raro o passeio que não acabava em tombo. Sentia-se novamente inferior e menor. A irmã mais velha divertia-se fazendo seu cavalo morder o de Graça, para que ele empinasse e a levasse ao chão. Graça, por sua vez, sentia-se uma bobona, atrapalhando o passeio. Queria muito chegar à mata, que era o objetivo da cavalgada, mas não conseguia, porque se cansava – isso quando não caía. As irmãs ficavam furiosas e queixavam-se ao pai, dizendo: *Ela não vai nem fica*. O pai achava graça e a chamava carinhosamente: *Vem cá, meu "não vai nem fica"*!

Essa condição de "não vai nem fica" também é uma característica de Graça: ela não alcançava seus objetivos, porque desistia diante das dificuldades ou das outras prioridades que surgiam. Foi assim com a universidade: para ela, sempre foi muito doloroso não ter estudado, sentia-se inferiorizada por isso. Depois de casada, resolveu que ia chegar lá. Cursou o Supletivo para poder fazer o vestibular, já que não havia concluído o Ensino Fundamental, mas sempre havia uma despesa extra a que ela dava prioridade. Era a mesma sensação do "não vai nem fica". Nem cursava a universidade, nem conseguia deixar de lado a inferioridade pela falta do curso.

De modo geral, na infância estava sempre vivendo experiências de inferioridade: como não se dava conta de sua inferioridade física, foi se estruturando dentro de uma inferioridade psíquica. No colégio, por exemplo, não conseguiu terminar o Ensino Fundamental. Repetiu três vezes o segundo ano e acabou parando de estudar; tinha dificuldades com matemática. Não entendia. Não prestava atenção. Cochilava na aula. E o resultado era a reprovação no final do ano. De outro lado, os pais não se preocupavam com os estudos das filhas – elas iam se casar. Assim, ela acabou em casa, sem se formar, mais uma vez inferiorizada, só porque os irmãos iam para a escola, e ela não.

Na adolescência, outras situações foram reforçando sua insegurança e sua baixa autoestima. Uma das irmãs mais velhas era muito bonita, e ela não. Achava-se feia, sem graça. Quando se arrumavam para festas, sentia-se inferior às outras. Os penteados eram feitos por cabeleireiros, mas Graça sempre achava o seu horroroso – o pior de todos.

Quando começou a namorar, sentia-se inferior às irmãs, cujos namorados chegavam no dia combinado, na hora certa, enquanto o dela não fazia isso. Graça ficava pronta, esperando por ele inutilmente. O namorado era farrista, gostava de beber e, vez por outra, não aparecia na hora combinada para namorar. Ela sofria com isso e se culpava: achava que era a sua insignificância que o fazia preferir outro programa. Ficava com raiva de si própria. Gostava cada vez menos de si mesma. Lembra-se de que, certo dia, com raiva de si, cortou tufos do próprio cabelo. Queria se vingar de si mesma, chegando até a se maltratar fisicamente, dando tapas no próprio rosto.

Não foi a única vez que Graça fez isso. Depois da tentativa de suicídio na cidade do interior, quando já tinha voltado para sua cidade natal e os sofrimentos dessa época voltaram a perturbá-la, ela também se machucou fisicamente. Com a ponta da tesoura, foi fazendo arranhões nas pernas, chegando a sangrar, numa espécie de transe. Rejeitava-se. Era um peso para os outros. Culpava a si mesma. Era uma trapalhona...

O sentimento de ser menor é uma constante e estende seus tentáculos por toda a vida de Graça – até no passatempo. Tinha jeito para pinturas. Gostava de pintar aquarelas e um *marchand* chegou a apreciá-las e a dizer que ela tinha um dom para isso, que as pinturas – na maioria, flores – tinham movimento. Ela só precisava de aulas para se aprimorar. Mas nunca o fez. Considerava sua pintura menor. O conteúdo era infantil, e aquarela era inferior a óleo. Nunca deu os passos necessários para a profissionalização – mais uma vez, o "não vai nem fica" e o sentimento de inferioridade.

Outra situação corriqueira de inferioridade é quando Graça está com amigos numa roda de bate-papo. Mesmo quando a conversa é leve, girando em torno de banalidades, ela não se aventura a contar algo ao grupo, por achar que o que tem para comentar é bobo, assim como também eram bobos seus problemas psicológicos, que a levaram a passar por tratamento psiquiátrico. Graça ficava calada, achando que o médico deveria ter casos muito mais sérios e não ia se interessar pelo dela.

Veremos a seguir a linha de rejeição materna, que, para Graça, foi causa de muito sofrimento, frustração, uma enorme carência afetiva e necessidade de atenção.

Graça não se lembra de a mãe levá-la ao colo, nem de conversar com ela, nem de demonstrar afeto por ela. Lembra-se de às vezes acordar de madrugada e querer ir para junto dela – devia ter três ou quatro anos de idade. Levantava-se da cama e dirigia-se ao quarto dos pais. Mas havia um taco de assoalho solto à porta do quarto, que rangia quando ela pisava. Então, ouvia a voz da mãe dizendo: *Nem venha! Volte para sua cama!* Então, ela ficava parada, sentada junto à porta. Nem voltava para a cama, nem chegava ao quarto da mãe. Aqui talvez já esteja, de forma incipiente, o "não vai nem fica", que veio a se estruturar mais adiante. Lembra-se até de cochilar ali sentada junto à porta. Sofria com isso, porque as irmãs também se levantavam, e a estas a mãe permitia a entrada no quarto.

Lembra-se de pequena, pronta para um aniversário, a mãe se aproximar com um copo de leite e dizer: *Tome. Se derramar na roupa, não vai à festa!* Ficou tão nervosa que suas mãos tremeram e ela derramou o leite. Sentiu-se infeliz, fracassada, uma trapalhona – assim como se sentia na crise dos vinte anos e se sente na crise atual. Lembra-se também, quando adolescente, já pronta para uma festa, com cabelos arrumados pelo cabeleireiro, da mãe lhe dizendo: *Tire o vestido. Você não vai!* Não se lembra da razão da interdição, apenas de ter ficado em casa enquanto as irmãs iam à festa.

Graça lembra-se de sofrer muito com a falta de atenção da mãe – até mesmo quando já adulta, depois de casada. Nessa época, com duas filhas pequenas, sem ninguém para ajudá-la e passando por dificuldades financeiras, a mãe não se interessava por ela sequer para saber como estava se virando com tantos problemas. Passava todos os dias por sua porta, porque morava mais adiante, mas não parava para vê-la, nem às crianças. Para ser bem exata, acha que nesse período a mãe parou duas vezes: uma para ensinar a fazer soro caseiro para as crianças doentes, e a outra... Graça não se lembra mais do porquê.

A rejeição da mãe criava nela uma carência muito grande, uma enorme necessidade de atenção, que, certo dia, foi momentaneamente satisfeita, com consequências para seu comportamento. Tinha, na época, cinco ou seis anos. Estava na fazenda, brincando com as irmãs no depósito de cereais. Havia uma pilha de sacos de milho no galpão, e elas se divertiam subindo neles. Na animação da brincadeira, Graça subiu correndo a pilha até o alto, mas, do outro lado, os sacos estavam afastados da parede. Ela não conseguiu parar e acabou despencando do topo. Foi uma queda tão grande que os funcionários correram para chamar a mãe, que chegou imediatamente. Coloca-a no colo. E, aninhada em seus braços, foi invadida por um prazer enorme. Indescritível. Havia conseguido o que tanto queria. Seu desejo estava satisfeito.

Fazer coisas perigosas pode atrair a atenção que ela quer e de que precisa. É a conclusão a que ela chega e a ação que ela põe em prática. Passou a fazer coisas proibidas e perigosas. A escalada nos sacos fora uma delas. Na adolescência, quando começou a dirigir, passou a fazer toda sorte de loucuras na direção. Fazia rachas. Dava cavalos de pau. Copiava conscientemente o comportamento de um amigo do pai, de quem ele gostava muito. Na cabeça dela, imitar o amigo faria com que o pai gostasse mais dela.

O mesmo sentimento de prazer, de conseguir alcançar seu objetivo, de realizar aquilo que tanto desejava, se repete ao acordar após trinta horas de sono, quando da tentativa de suicídio por soníferos. Levanta-se leve. Vai direto para as tintas. E pinta, num só fôlego, uma aquarela. As tintas fluem facilmente nos pincéis. Consegue dar os tons que procurava tanto e pinta como sempre quis pintar. Foi um momento de prazer intenso. Indescritível. Igual ao sentido com a mãe, quando esta a pegou no colo depois da queda no galpão de cereais. Afinal, o marido também a pegou no colo ao correr para o hospital, lutando para salvá-la.

Refletindo sobre esses fatos, ela diz que acha que a tentativa de suicídio também foi uma forma de conseguir atenção, afeto. Estava desesperada. Ligava constantemente para o marido, pedindo-lhe que fosse para junto dela. Ao tomar os remédios, conseguiu momentaneamente o que queria. Atenção. Afeto. O marido a seu lado no hospital, lutando por sua vida.

O que será apresentado a seguir é outra tentativa de suicídio, dessa vez aos vinte anos, em que todos os elementos psicológicos existentes na depressão atual também estavam presentes – mudou apenas o contexto em que eles se inseriam.

Graça tinha um namorado (Pedro) por quem era apaixonada. Ele era farrista, e ela sabia disso. Assim como sabia que ele saía com outra moça, considerada "garota de programa". Certo dia, ela soube que a moça havia engravidado e foi dominada por um misto de desespero e raiva. Brigaram. Romperam o namoro. Ela optou por sair da cidade e viajar para São Paulo. Coincidentemente, encontrou um ex-namorado, e os dois combinaram jantar juntos. Ela sabia que Pedro não ia gostar daquilo, mas estava com raiva e vontade de se vingar dele. Se ele podia sair com outra, ela podia fazer o mesmo!

O jantar foi regado a vinho. O vinho foi bebido além da conta e ela se deixou envolver pelo rapaz. Acabaram indo para um apartamento do qual ele tinha a chave. Era um lugar desmantelado, cheio de caixas; parecia estar em reforma. Não era absolutamente o que ela queria para um dia especial, muito menos naquela companhia. Não queria ficar com ele. Queria o outro. Ela tinha sonhos românticos para sua primeira noite. Não era aquilo que desejava. O que estava fazendo ali? Mas o vinho não a deixava raciocinar, e ela se deixou levar pela situação. Arrependeu-se. Mas era tarde. Restava confiar na discrição do rapaz. Mas ele não era de confiança. Voltando à cidade, espalhou o fato. O pai dele soube do ocorrido e foi falar com o pai dela, de quem era amigo, para dizer-lhe que obrigaria o filho a se casar. Mas Graça se recusou. Ela já havia contado o ocorrido ao namorado, que ficara furioso. Ele tinha um comportamento oscilante: ora deixava-se dominar pela raiva e rompia com ela; ora reatava, por se sentir culpado pelo passo que ela havia dado. A oscilação repercutia nela, desestabilizando-a (assim como ocorre atualmente). Deixava-a completamente insegura. Era apaixonada por ele e não queria perdê-lo. A oscilação a enlouquecia. Havia cometido um erro grave: havia perdido seu namorado e acabado com seu sonho de se casar e constituir família. Sentia-se culpada, fracassada, uma trapalhona, e odiava a si própria. Esses sentimentos de sonho destruído, de culpa, fracasso, ser trapalhona foram exatamente iguais na crise depressiva, quando Graça concordou em vender o apartamento sem conversar com os amigos, que talvez pudessem ter dado uma solução melhor para o caso. Com isso, ela havia destruído o sonho de ter uma velhice tranquila, no apartamento de que gostava e que lhe dava segurança.

Voltamos aos fatos dos vinte anos.

A história se espalhara entre seus amigos, que passaram a se comportar de forma diferente em relação a ela, tentando assediá-la como se ela fosse uma garota de programa. Graça ficou arrasada. Isolou-se. Sentia-se só, insignificante, menor (como hoje). Havia perdido seu lugar junto aos amigos e estava transtornada (como hoje). Estava num beco sem saída (como hoje). Não havia retorno (como hoje). Não havia como recuperar o passado perdido (como hoje). Estava extremamente carente e não tinha com quem falar, com quem desabafar (como hoje). O desespero crescia (como hoje). Odiava a si própria (como hoje). E, num gesto desesperado, pegou o revólver do pai e atirou em si mesma (assim como hoje tomou overdose de remédios).

Vê-se, então, que Graça tem seu padrão repetitivo psicológico, que também define a patologia que ela veio a desenvolver quando adulta. Tanto o PRP quanto a patologia abrangem sentimentos de tristeza, depressão, pensamentos conclusivos sobre ser boba, trapalhona, insignificante, desejos ou objetivos que ela não consegue concretizar e que perseveram interminavelmente em sua mente (o "não vai nem fica"), a carência, a busca de atenção fazendo coisas perigosas, o isolamento, o beco sem saída e, por fim, na patologia, as tentativas de suicídio quando chega ao paroxismo de sua carência, de seu desejo de chamar a atenção, de seus sentimentos negativos e baixa autoestima. Tudo isso, à exceção das tentativas de suicídio, já havia sido vivido na infância – talvez de forma menos violenta, mas igual na essência. O PRP parece determinar o tipo de patologia que o indivíduo pode vir a desenvolver, mas o meio ambiente também pode contribuir para a patologia. Graça teria desenvolvido depressão culminando em tentativa de suicídio se o marido não tivesse tido problemas financeiros? É possível, mais uma vez, comparar o PRP ao DNA, porque ambos trazem um comando daquilo que o adulto virá a ser. Sem dúvida, é um determinismo, mas que também é influenciado pelo meio ambiente, que pode alterar o padrão. Em Graça, talvez a depressão não tivesse se desenvolvido se não fosse o problema financeiro. Um padrão genético sendo alterado pelo meio ambiente também pode ser visto no genoma, pois o meio ambiente pode ligar ou desligar determinados genes (Ridley, 2001, p. 174).

A partir do Capítulo 3, serão examinados mais alguns casos – um caso por capítulo –, ressaltando o padrão repetitivo psicológico e, aos poucos, aprofundando o estudo da teia associativa, o que acontecerá a partir do Capítulo 7.

Capítulo 3

SÍNDROME DO PÂNICO

CASO INAH

Apresentarei aqui mais um exemplo da estruturação do Eu através das vivências infantis, que criam um padrão repetitivo que estrutura não só a normalidade, mas também os distúrbios psíquicos que podem ser desenvolvidos. Na infância, Inah viveu várias situações de medo, algumas delas excessivamente assustadoras, vindo a desenvolver a síndrome de pânico na vida adulta.

A primeira vez que Inah sentiu pânico foi aos quarenta anos de idade. Segundo ela, nunca tinha sentido nada parecido. Estava em casa, deitada no sofá, um pouco sonolenta, um pouco ressacada – resultado de uma farra na noite anterior, com cantoria e bebida – quando decidiu comprar cigarros. Levantou-se e foi a pé, com o filho de dois anos, até a padaria. Ao passar perto de um bar, onde tocava música alta, sentiu-se mal. Pensou que estava tendo um problema cardíaco. Foi dominada pelo pânico ao pensar que podia desmaiar, cair, ficar largada na rua, morrer, o filho ficar apavorado ao vê-la daquele jeito e não conseguir voltar para casa. Não podia traumatizar a criança. Precisava ir para casa imediatamente.

Foi uma coisa estranha e assustadora. Inah logo foi ao médico e fez vários exames cardiológicos. Os exames a apavoravam, por serem desconhecidos e poderem revelar algo de muito grave. Nada foi encontrado. Sem diagnóstico, o pânico foi se espalhando. Inah começou a ter medo de passar mal em qualquer lugar, não saía mais sozinha. Sentiu pânico no carro e parou de dirigir. O pânico vinha acompanhado de suor frio, tremor das mãos e aceleração dos batimentos cardíacos. Isso até que ela teve tudo junto na esteira rolante, enquanto fazia um teste de esforço físico. O médico que a observa constata que não é coração. Diagnostica pânico e a aconselha a procurar um psiquiatra.

Assim ela o fez. Começou a tomar remédios específicos e melhorou; mesmo assim, ainda entra em pânico. Fez psicanálise e psicoterapia. Nada adiantou. Mas os remédios a ajudaram, e ela os toma até hoje. O pânico associou-se a qualquer tipo de incidente ou acidente que pareça ser grave ou mortal. O desconhecido que pode implicar alguma gravidade tem peso em seus sentimentos[1] de pânico.

Inah lembra-se de um princípio de incêndio na Prefeitura, onde trabalhava. Agarrou a bolsa e correu para casa, em pânico. O movimento dela, nesses momentos, é correr para casa, onde se sente segura. Quando ouve sirene de ambulância ou carro de bombeiros, ela se assusta e corre para a janela, para ver se estão só passando ou parando no prédio onde ela se encontra. Se estiverem parando, agarra a bolsa e corre para casa.

É possível notar, portanto, que são objetos de pânico: incêndio, ambulância, carro de bombeiros, multidão, possibilidade de estar ocorrendo algo grave, de desmaiar e ficar largada na rua, de morrer, de enfrentar o desconhecido (por "desconhecido" entendem-se os exames médicos que ela não conhece, embora já tenha ouvido falar deles) e até mesmo de tirar sangue, quando o objetivo é confirmar alguma doença grave. E, em pânico, seu comportamento é correr para casa, onde se sente em segurança.

Esses mesmos elementos que constituem sua síndrome de pânico estão presentes em várias situações aterrorizantes vividas por Inah em sua infância, cada qual trazendo em seu bojo outros elementos que vão retornar

---

[1] *Sentimento* é usado aqui para indicar uma reação psicológica a qualquer estímulo: sensações, emoções ou sentimentos.

com o desenvolvimento do distúrbio psíquico. As situações aterrorizantes lhe vieram à lembrança aos poucos, quando foram pinçados os elementos do primeiro pânico (no caso, ficar largada na rua, morrer na rua, o filho se perder) e quando se pediu a ela que procurasse no passado lembranças de outras experiências com os mesmos componentes. A primeira experiência a ser lembrada aconteceu quando Inah tinha seis ou sete anos, no dia em que acompanhara a tia ao Morro da Conceição, no dia consagrado à santa. Nesse dia, o Morro fica cheio de gente pedindo graças, rezando, pagando promessas. Inah adorou o convite da tia. Ouvia dizer que a santa era muito bonita e tinha vontade de conhecê-la.

Acordou de madrugada e estava um pouco sonolenta quando elas se encaminharam para o morro. Chegando lá, tudo lhe era desconhecido. Não só a imagem da santa, mas também a escadaria, os devotos, a música alta, a multidão. Estavam subindo a escadaria junto com os outros quando, em dado momento, num poste de iluminação, aconteceu um curto-circuito e um princípio de incêndio. As pessoas que o viram começaram a correr e a gritar: *Fogo! Fogo!* A multidão entrou em pânico. Pessoas correndo, caindo, gritando, desmaiando, sendo pisoteadas, morrendo. Quando começou o corre-corre, o pânico, ao ver o perigo por que estavam passando, a tia agarrou-a e correu para a casa mais próxima, pedindo que as deixassem entrar, por causa da criança. Ela estava apavorada. Nunca tinha visto nada daquilo. Era desconhecido e assustador. Quando entraram na casa, o medo foi diminuindo até passar completamente.

Ficaram na casa até que tudo se acalmasse e depois saíram. Na escadaria, havia sangue, pessoas mortas largadas nos degraus, carros de bombeiros, ambulâncias – era uma situação desconhecida para a menina. E aterrorizante. O interessante é que essa vivência trouxe não só os elementos do primeiro pânico, mas também os dos outros: incêndio, carro de bombeiros, ambulância. E também é interessante o fato de que, nas duas situações (na infância e na ida à padaria), estava sonolenta, havia música alta e ela caminhava pela rua.

Uma segunda situação de pânico e medo de acontecer algo grave ocorreu durante o período da doença do pai, também ligada a se perder na rua e a estar em segurança dentro de casa. O pai sofria de esquizofrenia e não podia mais trabalhar. A mãe precisou substituí-lo na tarefa de sustentar a família e, quando saía de casa, recomendava à filha que tomasse conta dele, não o deixando ir até o portão, para não correr o risco de sair de casa e se perder. Ela, embora fosse a caçula (na época devia ter uns sete anos), era a responsável por ele. Mas fazia aquilo com o maior gosto, porque era muito ligada ao pai. Um dia, num momento de distração, o pai desapareceu. Foram dias de medo, apreensão, busca – até que, três dias depois do desaparecimento, ele foi encontrado. A angústia cessou quando ele voltou para casa.

Outra situação de pânico ocorreu quando Inah tinha oito ou nove anos. O pai, politizado, a levara para assistir a um comício. Estavam no meio da multidão ouvindo os discursos quando, de repente, teve início um bate-boca perto de onde estavam e ela entrou em pânico. O pai, mais do que depressa, puxou-a para fora da aglomeração. Nada lhes aconteceu, embora pudesse ter acontecido. Houve empurra-empurra, acompanhado de tiros, e o comício se dissolveu. Ou seja, ela viveu uma situação que poderia ter sido grave, associada a pânico, que reforça o padrão: percepção (algo grave vai acontecer) *versus* sentimento (pânico) *versus* comportamento (fuga para longe da situação).

À medida que as situações de pânico foram vistas e associadas às experiências precoces por seus significados comuns, a paciente foi se tranquilizando, passando a ter uma vida normal. Ela voltou a enfrentar com naturalidade situações que não conseguia realizar durante a crise de pânico, como andar sozinha de elevador, por exemplo. Segundo Inah, a conscientização das repetições fez com que houvesse nela o predomínio do racional onde antes era puro emocional. A única coisa que ainda a incomodava e a fazia sofrer eram seus sentimentos com relação à morte da mãe, dois anos atrás. Sentia-se muito mal, culpada por não tê-la ajudado quando de suas internações, porque tinha pânico de hospital. Uma vez, a pedido da mãe, entrou na UTI por alguns minutos; depois, a própria mãe a mandou embora, por saber o quanto era insuportável, para ela, ficar ali dentro.

Não havia sido assim no começo. Lembra-se de ter internado a mãe com hemorragia e de ficar com ela no quarto, sem problemas. Certo dia, estava tranquilamente com ela quando soube que uma amiga sua estava internada no mesmo hospital. Como a mãe estava bem, foi fazer uma visita à amiga. Na conversa, disse-lhe que estava com a mãe internada porque ela tinha tido uma hemorragia e estava com cirrose hepática. A amiga disse que ela devia se preparar, pois sua mãe ia sangrar até o fim. No mesmo momento em que Inah soube do grave desfecho – sangramento e morte –, entrou em pânico e dali em diante não conseguiu mais enfrentar a doença da mãe no hospital. Novamente a repetição do padrão: percepção (algo grave vai acontecer) *versus* sentimento (pânico) *versus* comportamento (fuga para longe da situação). Quando a mãe estava de alta, Inah cuidava dela em casa, mas, quando precisava interná-la, não tinha condições de fazê-lo. Não é que a abandonasse; ao contrário: tomava todas as providências para que ela fosse bem cuidada. Tinha sempre uma pessoa da família contratada para substituí-la.

Então, encontramos, para a deflagração do pânico no hospital, o mesmo significado das outras situações de pânico: algo grave que vai acontecer, sangue, morte e, consequentemente, pânico. Lembrou-se também de que, em criança (com uns três ou quatro anos), viu a mãe sair de casa numa ambulância toda suja de sangue. Hoje, ela imagina ter sido a hemorragia de um aborto, mas, naquela época, não sabia o que estava acontecendo e teve medo de que a mãe morresse. Mais uma vez, as experiências precoces estruturando a patologia.

Agora veremos outras características da identidade psicológica de Inah, que não estão ligadas ao pânico, mas que também foram estruturadas na infância.

Depois da morte da mãe, Inah passou a se sentir mal por não tê-la ajudado em seus momentos finais. Ficava com a dolorosa sensação de ter feito algo errado, por ter se deixado dominar pelo pânico. É interessante que, quando ela era pequena, o pai lhe fazia admoestações sobre o "certo" e o "errado" no comportamento dela, quando necessário. Quando ela fazia algo de errado, vinha aquela sensação de remorso e culpa diante do olhar reprovador do pai. É a sensação que Inah tem hoje, quando pensa que falhou com a mãe.

Em criança, na relação com a mãe, isso não acontecia, porque a mãe optava pela surra quando a filha fazia algo de errado. A surra doía, mas passava. As palavras e os olhares do pai ficavam – calavam fundo. É o sentimento que Inah tem hoje, quando pensa que não se comportou bem com a mãe. Depois de termos chegado a essas associações, o sentimento sofrido em relação à mãe abrandou. Inah constatou isso num comentário feito pelo filho sobre a avó. Ela não foi invadida pelo sofrimento e respondeu ao filho com naturalidade, o que não teria acontecido antes.

O comportamento da mãe, que batia em Inah quando a menina fazia algo errado, provocava nela o medo de dizer a verdade. O pai, então, a chamava para conversar, explicava-lhe o que ia ocorrer caso dissesse a verdade a ele. Inah ia se acalmando à medida que ele falava e, então, ia se tranquilizando, até passar totalmente o medo. Hoje, quando está dominada pelo medo de fazer algum exame, ela pede ao médico que lhe diga tudo o que vai acontecer no processo. Então, ela vai se acalmando com a explicação e consegue fazer o que deve ser feito (assim como ocorria com o pai, quando ela estava com medo de levar uma surra, ele explicava o que ia acontecer e ela se acalmava).

É interessante que, quando da deflagração do pânico no hospital, ela não tapou os olhos para não ver a doença. Ao contrário: queria saber tudo sobre ela. Queria entender. Foi para a internet pesquisar. *Quais os sintomas? Como iam se desenvolver?* Acompanhava a doença passo a passo pelo computador, embora não pudesse fazê-lo no hospital. É interessante também que a busca de informações parece ser uma característica típica de Inah. Quando teve seus problemas emocionais diagnosticados como síndrome do pânico, ela comprou um livro sobre o assunto, o qual, depois, deu ao terapeuta que a estava acompanhando na época, dizendo a ele que lesse, porque ali estava tudo o que ela sentia.

É interessante ainda que ela, em criança, gostava de estudar e o pai ajudava-a nos estudos. Quando ela lhe perguntava o significado de alguma palavra, o pai abria o dicionário nessa palavra e dizia a ela que lesse. Ela gostava daquilo. Acostumou-se a entender melhor lendo do que ouvindo a explicação. É interessante, também, que ela se culpava por não ter ajudado a mãe no hospital – Inah é uma pessoa que gosta de ajudar. Coincidentemente, na infância e adolescência ela teve experiências de ajudar.

Quando Inah tinha sete anos, o pai adoeceu; foi diagnosticada esquizofrenia. Ele passou a ficar em casa, quando em crise, e a mãe a sair para trabalhar e sustentar a família. Como ela era muito ligada ao pai, a mãe deu-lhe a incumbência de ajudá-la tomando conta dele, para que não fosse para a rua – o que ela fazia com muito gosto, apesar da pouca idade. Quando o pai morreu, ela estava com catorze anos e, de imediato, foi trabalhar para ajudar a mãe a sustentar a família. A mãe não precisou nem pedir. No trabalho é a mesma coisa: se vê que uma colega precisa de ajuda, ela o faz com a maior boa vontade.

Ainda em relação à ajuda, ela comenta que, numa dada sessão, tinha tentado se lembrar de mais detalhes sobre a primeira vez em que teve pânico, mas não conseguira; então, saíra com um pouco de dor de cabeça por pensar que não estava conseguindo me ajudar. Ela quis me ajudar, assim como quis ajudar o outro terapeuta ao dar-lhe o livro sobre síndrome do pânico. Assim, na infância, viveu uma experiência agradável de ser ajudada e de ajudar, e desenvolveu isso automaticamente, como uma característica sua. Se perceber que o outro precisa de ajuda, não é preciso nem pedir: ela ajuda naturalmente. Com isso, pode-se ver também que as experiências precoces não estruturam apenas a patologia, mas também uma maneira típica de ser – o Eu, a identidade psicológica de cada um de nós. Esse trabalho – trazer à luz as repetições – faz com que o padrão característico repetitivo seja visto com objetividade, quebrando seu condicionamento. Libera o Eu para maior autonomia.

Capítulo 4

●●●●●●●●●●●●●●●●●●●●●●●●●●

MUDANÇA NA SUPERFÍCIE E PERMANÊNCIA NA ESSÊNCIA

● ● ●

CASO JOANA

Apresentarei agora o Caso Joana, um exemplo de aparente mudança na maneira característica de ser da paciente, por conta de uma tragédia que ceifou a vida de sua filha. Joana, que antigamente adorava festas – principalmente casamentos, onde encontrava velhos amigos que não via há algum tempo – hoje não gosta mais. Ela já decidiu que não vai mais a casamentos. Fica perturbada com aquela quantidade de pessoas conhecidas e amigas reunidas, porque isso a remete ao velório da filha, onde se viu cercada de velhos amigos que não via há algum tempo.

Entretanto, ao examinar seu padrão repetitivo psicológico, vemos que, na essência, ela não mudou. Continua sendo a mesma menina, com seu prazer em partilhar sentimentos, com sua preocupação em passar bem por todas as etapas da vida, com seu desejo de não ficar por baixo e de observar o próprio comportamento, aplaudindo o que faz bem.

Joana teve uma infância feliz, cheia de brincadeiras, risos, amigos. Mas havia um senão: o pai era um chato. Não era carinhoso. Não a levava ao colo. Estava sempre reclamando. Ela não gostava dele como gostava da mãe. Mas as crianças tinham que gostar igual do pai e da mãe – era praxe, uma condição *sine qua non*, em sua época de menina. E ela não cumpria essa condição. Não gostava igual, embora desejasse muito partilhar desse sentimento, que ela imaginava comum a todas as crianças. Mas não partilhava e não se sentia bem com isso. Ficava ansiosa. Sentia-se por baixo em relação às amigas. E, para não ficar por baixo, mentia: dizia que gostava dos dois. Igual. Sabia que não era verdade e também que gostaria muito de partilhar seus sentimentos reais. Infelizmente não podia.

Na pré-adolescência, Joana encontrou outra condição *sine qua non* para ser vivida: a menstruação. Diante dessa nova condição, assim como de outras, seu padrão repetitivo psicológico (PRP) fica ativado. A chegada da menstruação fazia a menina ingressar na fase de se tornar moça. Todas queriam ser moças; ela também. As amigas menstruaram; ela, não – o que a deixava se sentindo por baixo em relação às amigas. E, para não ficar por baixo, ela mentia (assim como mentia em criança, dizendo que gostava igual do pai e da mãe). Dizia que tinha ficado menstruada e, para dar veracidade à história, não fazia educação física no colégio "naqueles dias"; também usava uma calcinha sobre outra mais folgada, para dar mais volume e fazer parecer que estava usando absorvente. Queria muito partilhar da mesma situação que as colegas. Infelizmente, não partilhava.

Aqui temos o primeiro exemplo da repetição (essência repetitiva da vivência estruturante), em que uma situação *sine qua non*, quando não concretizada, gera um sentimento de ficar por baixo, que, por sua vez, gera um movimento reativo para não ficar por baixo, que, no caso, se concretiza na mentira.

Há ainda outro exemplo de repetição, também representado pela terceira condição *sine qua non*, que teria o mesmo desfecho dos exemplos anteriores, não fosse a interferência da sorte: o casamento. Ela queria se casar. Moça que não se casava ficava para titia – no caritó, como se dizia na época. E era horrível ficar no caritó. Joana queria se casar, como todas as amigas, que já estavam noivando. Ficar no caritó era ficar por baixo e ela não ficaria por baixo de jeito nenhum. Se fosse o caso, se casaria com qualquer um. Nem que fosse para se separar depois. A sorte dela é que conheceu um rapaz por quem se apaixonou, e então se casou com ele.

Se não o tivesse encontrado, tem certeza de que se casaria com outro. Só para não ficar no caritó. E provavelmente mentiria se dizendo apaixonada – para não ficar por baixo.

No momento atual está se preparando para a quarta e última condição *sine qua non*: a velhice. Ela já vem observando idosos que estão se saindo bem nessa etapa para se tornar como eles: independentes e ativos, para não serem "pesados" para os filhos. Quer ser como eles mesmo que, para isso, tenha que mentir para os filhos, mostrando estar sempre bem, para não ficar por baixo em relação aos outros idosos conhecidos, que ela admira por estarem lidando bem com essa etapa da vida.

Passarei agora para as derivações da primeira situação estruturante. Por *derivações* quero dizer maneiras características de ser, decorrentes ou causadas por determinada vivência, que se acoplam à vivência estruturante, tornando-se também parte do PRP. Assim, serão apresentados exemplos de emoções e comportamentos que são oriundos da vivência estruturante e que depois se tornam repetitivos.

Joana tinha uma frustração na vivência estruturante: não poder partilhar seus sentimentos em relação ao pai, o que desejava muito. Desenvolveu, então, o desejo de partilhar sentimentos, e a essa partilha se associa prazer ou emoção boa. É possível notar isso:

- No dia a dia com as amigas: elas não tinham segredos e partilhavam tudo da vida de adolescentes e jovens adultas.
- Na enorme emoção sentida quando do nascimento do primeiro filho, porque todos – marido, família, amigos – estavam unidos, partilhando da mesma emoção.
- No estímulo que dá aos filhos para que se comuniquem entre si, partilhando uns com os outros seu dia a dia.

Outra linha de derivações é o "não ficar por baixo". Por conta dessa vivência, ela desenvolveu uma constante observação de si própria, checando se está por cima. Assim, sempre se esmera no que faz e sempre compara seu desempenho ao dos outros na mesma área, para ver se está por cima. Sua vida é um constante "estar por baixo, estar por cima".

Outra derivação do não ficar por baixo é o "ser borboleta", "adejando de flor em flor" (palavras dela), mas não se detendo nas coisas para maior reflexão. O "ser borboleta" parece ser decorrente da frustração com o pai, em que, não conseguindo resolver o sentimento de frustração, se atordoa em brincadeiras. Está sempre ocupada. Sempre brincando. Sempre fazendo coisas, o que pode ser visto até hoje. O "ser borboleta" também pode ser visto em sua fala: sempre que as conversas com as amigas tomavam um rumo tenso, ela contemporizava, puxava um assunto leve, a ponto de ter sido chamada de "superficial" por uma delas. Adorava movimento, casamento, casa cheia de amigos; passava ("adejava") de um para outro conversando, fazendo brincadeiras, a ponto de ser sempre requisitada por sua leveza e graça.

O mais fantástico com relação ao ponto de vista dessas derivações é que elas parecem apontar para um ímã em que os sentimentos e comportamentos vão se acoplando à estrutura principal, atraídos por uma força que emana daquele miolo. E, assim, o Eu vai se estruturando em formas de ser totalmente interligadas.

Mostrarei outros exemplos a partir da tragédia que arrebentou a vida de Joana, os quais mostram uma ruptura entre o "antes" e o "depois", e também que o novo tem ramificações no antigo, constituindo repetições e derivações da vivência estruturante ao mesmo tempo que se torna, ele próprio, uma nova vivência estruturante, definindo repetições e derivações. A tragédia parece ser estruturada e, ao mesmo tempo, estruturante.

Joana estava viajando a negócios, acompanhada da sócia e de algumas amigas que, coincidentemente, se encontravam na mesma cidade e no mesmo hotel. Um telefonema para uma delas avisa que a filha de Joana havia morrido, vítima de um acidente de carro. As sócias e as amigas que a acompanhavam decidiram, juntamente com a família, não lhe contar a verdade de imediato, mas providenciar sua volta. Depois que tudo foi providenciado, pretendiam falar a ela do acidente, dizendo-o grave e contando que a filha estava na UTI. Só queriam que ela soubesse a verdade quando estivesse de volta a sua cidade e ao aconchego de sua família.

E assim foi feito. Mas no decorrer desse dia, enquanto as amigas e sócias tomavam, às escondidas, as providências para a volta, tudo lhe parecia estranho. A sócia estava esquisita, e ela não entendia seu comportamento. Fazia-lhe perguntas, mas as respostas não a satisfaziam. Achou tudo muito estranho até que, quando tudo estava resolvido, uma delas contou a ela sobre o acidente e disse que todas elas iam retornar. Ela se desesperou. Ficou angustiada e, ao mesmo tempo, confusa, sem entender por que todas iam largar seus afazeres e voltar. Mas não lhe passou pela cabeça que a filha pudesse ter morrido, então não fez nenhuma pergunta para esclarecer isso. A viagem foi um tormento. Ao desembarcar, o marido a recebeu; ao ser interrogado sobre a filha, ele disse que estava em casa, esperando por ela. Aquilo também soou estranho: *Como é que há pouco estava na UTI e agora já está em casa?* Mas ela continuou sem fazer a pergunta definitiva. Quando o carro dobrou a esquina da rua onde morava e Joana viu a quantidade de automóveis estacionados, deu-se conta da tragédia e foi um desespero o mais negro possível que a dominou a partir de então. Começou a pior dor que se pode ter na vida, na qual ela ficou afundada durante longos anos. Uma dor tão profunda que ela imaginou que ia enlouquecer. Cada dia que passava, ela esperava a loucura dominá-la – o que não acontecia. A família e os amigos não a deixaram sozinha por meses a fio. Inicialmente, a casa estava sempre cheia; depois ficaram apenas os mais chegados, até que a rotina da vida fez com que, um dia ou outro, ela ficasse sozinha. Então, Joana foi se dando conta de que precisava melhorar para não destruir toda a família, para que todos pudessem voltar a ter uma vida normal. E aí começou a longa luta para sair do fundo do poço onde ela estava afundada havia tanto tempo. Foi uma luta insana e, usando suas palavras, ela se feriu muito para subir aquelas paredes, arrebentando dedos e mãos, ficando nos cotos dos braços, às vezes caindo e voltando para o fundo. Mas tinha decidido sair pelos outros, e conseguiu. Hoje, Joana tem seus dias de choro e desespero, mas está bem. Só com uma grande saudade, mas uma saudade boa que atesta a filha maravilhosa que ela teve e que, por ter sido tão maravilhosa, deixou muita saudade.

Agora vamos observar essa tragédia não com os olhos toldados pela emoção ou pela solidariedade, mas com os olhos claros do raciocínio, tentando compreender alguma coisa sobre o funcionamento da mente quando atingida por uma tragédia de tal porte. A mim, me parece que na tragédia o funcionamento da mente é igual ao da vida normal; a tragédia torna-se uma vivência estruturada pela vivência infantil estruturante, como tantas outras.

De outro lado, a força de seu impacto torna a tragédia uma experiência também estruturante, que deixa marcas em situações posteriores de mesmo significado, as quais se tornam repetitivas. Apresentarei, a seguir, fatos que parecem corroborar tais ideias.

Joana mudou radicalmente. Não é mais a pessoa leve que sempre tem histórias engraçadas para contar. Agora ela é dona de uma história única – sua tragédia pessoal – e até hoje, mesmo passados tantos anos, fala de sua filha sempre que tem oportunidade, e isso não lhe faz mal algum, embora suas amigas temam que ela possa entrar em desespero e ter uma recaída. Falar faz bem a ela. Joana idealizou uma situação que lhe traria uma emoção boa, muito forte: participar de uma conferência em que conferencista e plateia tivessem perdido um filho, e cada um partilhasse com os demais sua experiência e seus sentimentos (notem-se a necessidade de partilhar e o prazer que emana disso, característica do PRP de Joana). Seria algo muito bom para ela, assim como o foi a leitura do livro *O significado da vida*, de Richard Edler. Nesse livro, o autor, com quem ela se identificou muito, relata sua experiência de perder um filho, assim como as etapas vividas e vencidas até sair do "vale" – que é como ele denomina a dor, o desespero e o vazio anteriores a sua recuperação. Dentro dessa linha de gostar de ler ou de conviver com pessoas que passaram pela mesma tragédia, encontram-se o bem-estar e a paz que a dominam quando ela está com a prima, que também perdeu um filho. Nesse momento, mesmo não conversando, ela se sente em paz, pois ambas partilham do mesmo sentimento.

Observando de fora seu comportamento, eu poderia concordar com a mudança radical e me perguntar onde está aquela Joana "borboleta" alegre que era requisitada como companhia nas festas por sua leveza e as histórias engraçadas que contava para animar o ambiente. Aquela Joana parece ter deixado de existir. *Seu comportamento está totalmente mudado,* é o que me diz uma primeira impressão. Mas, observando-o em profundidade, percebo que a forma de ser desenvolvida pela dor e pelo desespero segue os ditames da vivência infantil estruturante, em que ficou definido que bem-estar, paz e emoção positiva acontecem quando se partilham sentimentos e experiências.

Há a paz quando está na presença da prima, porque ela também perdeu um filho e ambas partilham os mesmos sentimentos. Há o ter gostado muito do livro, porque partilha dos mesmos sentimentos e experiências do autor. E o ápice da partilha se concretizaria na conferência, com todos vivenciando e partilhando as mesmas emoções.

Houve também, durante os negros anos do desespero, um constante partilhar dos sentimentos com amigos e conhecidos, mesmo com aqueles que não eram muito chegados. A todos ela falava incessantemente de sua dor. Era ainda a "borboleta". Não a "borboleta" leve das histórias engraçadas e variadas, mas uma borboleta do lado oposto. Pesada, sofrida, adejando de ombro em ombro com sua história triste e única para partilhar.

O mais impressionante, em toda a influência da situação estruturante, é o fato de Joana ter conseguido sair do fundo do poço, onde, de acordo com suas próprias palavras, *mais baixo seria impossível*. Será que ela teria conseguido essa vitória se não tivesse havido aquela menina que se recusou a ficar por baixo e, consequentemente, desenvolvido um movimento reativo para observar a si mesma, comparar-se aos outros e, assim, sentir-se bem por não estar "por baixo", mas "por cima"? Estaria ela se sentindo forte como se sente hoje, se não tivesse tido, em criança, a oportunidade de conhecer o ficar "por baixo" e aprender a lutar contra isso?

Se essas perguntas se confirmarem em outros casos, isso seria extremamente importante, porque mostraria que, mesmo dentro de uma situação totalmente imprevisível, o indivíduo estaria seguindo um caminho que já estaria traçado pela situação estruturante. Isso permitiria estabelecer um comparativo com a genética, em que, à semelhança do genoma com seus genes, que determinam até a doença que o indivíduo eventualmente pode vir a ter, nosso mundo psicológico seria determinado pela situação estruturante da infância, cujos elementos constituintes determinam até as reações que, numa eventual tragédia, o indivíduo pode desenvolver. E essa situação estruturante, por sua vez, seria a reação do potencial genético ao meio ambiente.

Mas não é apenas uma reação estruturada pela vivência infantil que ocorre no momento da tragédia. Pela força de seu impacto, ela deixa uma marca forte, que, por sua vez, se torna repetitiva. A reação estruturada é também estruturante. É o que será observado em momentos da vida pós-trauma e hoje (considerando "hoje" a época em que conversávamos).

Hoje, ela não gosta mais de ir às festas de casamento. Essa mudança deve-se ao fato de o casamento ser um evento em que encontramos uma porção de amigos, alguns dos quais não são vistos há muito tempo. E ocorre aquela troca de abraços e beijos. Esse movimento acorda nela o velório e o enterro da filha, onde houve inúmeros amigos abraçando-a e beijando-a. Amigos que não via há muito tempo.

Nessa linha de fatos, existe também o mal-estar, quando, em ocasiões festivas, as amigas querem levá-la para Gravatá (cidade do interior de Pernambuco que, no inverno, por ocasião das férias e festas juninas, fica repleta de pessoas amigas e conhecidas, que se visitam umas às outras. Algumas das quais ela não vê há algum tempo). A decisão de ir e o percurso são acompanhados do mal-estar, de uma certa ansiedade. Depois de chegar à cidade, o mal-estar se dissolve.

Outra situação perturbadora é quando, ao voltar para casa, o carro dobra a esquina da rua onde ela mora. Vem aquela sensação ruim. Aquela inquietude que a reporta ao dia da chegada em casa, quando encontrou a rua cheia de carros de amigos aguardando-a no velório da filha.

Capítulo 5

Fantasia a serviço do bem-estar da paciente

* * *

Caso Eva

Neste capítulo vou apresentar mais uma paciente, mas não gostaria de descrevê-la. Gostaria de *escrevê-la*. Escrevê-la no sentido literário de *recriá-la*, de *concretizá-la*, de *fazê-la viva*, como ela é.

Vamos ver se consigo fazer isso com a paciente Eva, mesmo que de forma canhestra. Começarei com o que ela é. Tentarei apresentá-la, simultaneamente, de forma concreta (o Eu) e de forma abstrata (livre dos contextos em que ela está inserida), para depois, pouco a pouco, orná-la com adereços e vestimentas (contextos) e fazê-la renascer aos olhos do leitor, através dos fatos de sua história de vida.

Estou novamente me sentindo atraída para um pequeno desvio literário. Dessa vez com Vargas Llosa (1971, p. 359 a 394), em *História secreta de um romance*. Ele compara o ato criativo de escrever um texto com o *striptease* às avessas. No *striptease*, o sujeito está vestido e vai, pouco a pouco, tirando a roupa até ficar nu. No texto literário, o autor começa nu, porque parte de uma vivência sua e vai, aos poucos, camuflando sua nudez até que desaparece completamente debaixo das vestimentas; então surge o personagem com sua vida ficcional.

No texto que quero escrever, o processo é o mesmo, embora o desfecho não o seja. Vou partir da nudez (o Eu como ele se apresenta) e, pouco a pouco, vou vesti-lo com os fatos de sua vida. Ao término, a paciente não estará camuflada pela roupagem (como Vargas Llosa faz em seus romances), mas totalmente à mostra em seus fatos reais. Não é um personagem de ficção que surge; é um personagem real. Não é uma metáfora da vida; é a própria vida.

Passemos a Eva. Eva e sua fantasia. Fantasia inata que encontrou um ambiente propício para se desenvolver. Fantasia onipresente. Fantasia alimentada por histórias ouvidas, curtidas e misturadas a seu dia a dia. Fantasia que se acopla aos objetos de seu meio ambiente, objetos que lhe despertam o interesse, a imaginação, os quais são cascavilhados, analisados, os quais ela questiona e busca entender, com os quais ela se diverte sozinha e interage em conversas e ações fantasiosas. Da infância à vida adulta – sim, à vida adulta. Até hoje, Eva curte a fantasia em determinados momentos, mesmo sabendo que a realidade é outra, porque sente prazer em fantasiar. Mas a fantasia não é só prazer; é também um refúgio onde ela se protege quando, de alguma forma, a realidade lhe pesa ou se transforma em imaginação fértil na busca de caminhos para alcançar seus objetivos. Sim, Eva é uma mulher de objetivos. Não de um objetivo único, que é desenvolvido a vida inteira, mas de vários, que vão sucedendo à medida que vão sendo realizados ou percebidos como o fim de uma etapa. E assim ela vai passando de um objetivo para outro, fantasiando sua concretização, pondo em prática sua fantasia na concretização, realizando-o e passando para outro, numa constante ação entremeada de fantasia, imaginação e momentos de avaliação.

Começarei apresentando a fantasia de Eva adulta por meio do relato de uma lembrança de viagem. Relato pequenino, que poderia passar despercebido, mas que é extremamente revelador. Desse episódio extrairemos um núcleo (*cascavilhar* e *fantasiar*) em torno do qual gravitam inúmeros fatos de sua vida, distribuídos ao longo do tempo. Esse núcleo é parte de sua identidade, parte de sua maneira de ser – *parte* porque outras ainda se lhe aglutinarão ao longo deste capítulo, até chegarmos à Eva de corpo inteiro. É um núcleo que se estabelece na infância e que se repete até hoje. Começarei a revelar esse núcleo através de um exemplo atual, o qual vou associar a outros exemplos, tentando recriar um pouco de Eva.

Ei-la em Veneza, cidade já sua conhecida, mas que dessa vez foi examinada de forma diferente, que a encantou. Acordou cedo e saiu numa hora em que a cidade estava deserta. E, praticamente só (havia apenas um ou outro gari trabalhando), perambulou por ruas e praças observando detalhes que não poderia perceber com a cidade cheia de gente. E, enquanto observava o que atraía sua atenção, deixava-se levar pela imaginação, povoada por histórias ouvidas e livros lidos e curtidos. *Ah, ali era a casa de Marco Polo... Por estas ruas passaram os Doges... E as festas que devem ter acontecido nestes palácios... O carnaval de Veneza... A beleza dos trajes... Os mascarados! E tudo neste cenário maravilhoso!* E assim foi examinando Veneza, enquanto se divertia só com sua imaginação. Mas curtir algo sozinha, deixando-se levar pela imaginação, não é um evento fortuito na vida de Eva; é uma característica sua, como veremos a seguir, para nosso espanto, através de pequenas lembranças que ela tem de eventos ao longo de sua vida.

Lá ia ela, pequena, para o colégio. Ela chegava cedo, num horário em que as outras alunas ainda não tinham chegado (assim como começou a explorar Veneza mais cedo, num horário em que os turistas ainda não tinham chegado), para poder perambular à vontade pelo pátio (para poder perambular à vontade por Veneza), pátio que já conhecia (cidade que já conhecia), entregue a seus pensamentos (entregue a seus pensamentos). Assim, caminhava sozinha pelo pátio do colégio, observando detalhes e imaginando coisas (como em Veneza, observando detalhes e imaginando coisas). A gruta de Nossa Senhora, num canto do pátio, não era mais de Nossa Senhora, apesar de sua imagem estar ali; agora era a gruta de Ali Babá e os quarenta ladrões. Não, não era mais a de Ali Babá; era a de Aladim e a lâmpada maravilhosa, que abrigava um gênio. Desse modo, ela ia caminhando, entregue às histórias que povoavam sua imaginação (como caminhou em Veneza, entregue a sua imaginação e às histórias que sabia sobre a cidade), divertindo-se sozinha (como se divertiu sozinha em Veneza).

Mas o interesse pelo colégio não se resumia ao pátio. Ela ia caminhando por todos os recantos, querendo conhecer tudo o que lá existia. Ia subindo ao primeiro andar, examinando tudo, chegando até a clausura, só parando onde era proibido entrar (sempre foi menina obediente; para ilustrar esse fato, pode-se evocar a lembrança de uma peça infantil da qual não viu nada, porque representava a menina adormecida cujo sonho era a peça, portanto, ficando o tempo todo de olhos fechados). E fazia isso apenas entregue a seus pensamentos se divertindo com o passeio, comentando, depois, com as colegas o que havia visto. Mas seus passeios não eram bisbilhotice nem seus comentários eram maledicência. Eram puro prazer em descobrir, conversar e partilhar descobertas. Como será puro prazer passear, descobrir, conversar e partilhar suas descobertas em outras ocasiões de sua vida.

Voltando para a idade adulta e passando ao navio que a levou a Veneza, veremos a repetição de todo esse comportamento: lá ia ela passear, se divertindo sozinha, observando tudo o que o navio tinha para lhe oferecer (como passeava sozinha no colégio, observando o que ele tinha a oferecer). Ia circulando pelos andares, entregue a seus pensamentos, conhecendo lojas, cassino, teatro, bares, piscinas, salões, parando apenas diante do que era proibido adentrar (como circulava por todo o colégio, parando apenas diante da clausura, onde era proibido entrar).

Agora voltemos no tempo para vê-la bem pequena na casa do avô, subindo uma escada escura para cascavilhar o primeiro andar. Lá ia ela andando sozinha pelo corredor, examinando suas coleções de objetos variados, balas de canhão, binóculos, fantasiando sobre o que estava vendo, enquanto conversava com as estátuas (como faria posteriormente no colégio, cascavilhando o que ele tinha a oferecer, fantasiando sobre o que encontrava, conversando sobre tudo isso com os colegas). Mas sua curiosidade não se resumia às coleções, e lá ia ela seguindo seu caminho rumo aos quartos, cascavilhando, examinando e fantasiando com o que estava lá. Lembra-se de olhar debaixo das camas e de ver penicos, de levantar o colchão e descobrir uma malha de ferro que lhe dava sustentação, além daquele vidro com formol, em que estava guardado um coração, e aquele retrato na parede, que por tanto tempo lhe parecera um saco de pipocas, mas que, examinado de cima de uma escada, revelou ser o retrato de uma criança morta, deitada num caixão, cercada de flores. E o quarto da ex--freira, cheio de velas e santos! Tudo era motivo para exames, fantasia e imaginação.

Ao passarmos novamente para a vida adulta, veremos Eva na Feira de Santelmo, uma feira de antiguidades famosa organizada nos arredores de Buenos Aires. O prazer de estar na feira cercada por tantas coisas interessantes (como o prazer de estar, em criança, na casa do avô, cercada por tantos objetos interessantes, ou como em Veneza, cercada por tantos palácios interessantes). O sair caminhando, descobrindo vielas que desembocavam na praça (ah, o prazer de descobrir), cheias de lojinhas com peças antigas ou curiosas pedindo para serem observadas, examinadas, quiçá fantasiadas, umas aqui, outras ali (como na casa do avô, onde descobria os quartos dos tios com tanta coisa curiosa; ou no colégio, com a gruta de Nossa Senhora e os outros andares que não os das salas de aulas; ou mesmo no navio, com todos aqueles andares cheio de atrações a oferecer; ou em Veneza, com tantas ruelas interessantes para ver).

Mas a fantasia não se resumia a cascavilhar objetos e a fantasiar sobre eles nas conversas com estátuas, amigos, companheiros. Ela também se revelava na identificação com personagens e em sua representação. É o que será visto indo um bocado para trás, no passado, onde a veremos se divertindo sozinha, entregue a sua fantasia, com uma trouxinha de roupas às costas, fingindo que estava fugindo de casa e contando aos vizinhos as surras que levava do pai, porque ele não era seu pai de verdade. Tudo isso por força da imaginação. Provavelmente estava representando algum conto infantil, talvez um dos de Charles Dickens.

Se avançarmos no tempo, nós a encontraremos no jardim, já maior, representando um personagem real com um quê de fantasia: ela era Jacqueline Kennedy, que chegava de avião e conversava com as árvores, que eram importantes personagens que tinham vindo recebê-la. Aos onze ou doze anos, ela podia ser vista lendo Monteiro Lobato, com sua Narizinho com quem se identificava na fantasia. Até hoje, Eva prefere ler a ver filmes, porque a leitura permite maior espaço para a imaginação. E, por falar em filmes, na adolescência ela podia ser vista vibrando com *Sissi* e

Sissi, a Imperatriz; ela se identificava com o personagem, que, para sair da corte e fugir de seus problemas, passava a galopar nos campos, entregue a seus sonhos. Já mais velha, tinha identificação com o pai, pessoa inteligente de muito valor e profissional de renome com quem ela desejava se parecer, buscando os mesmos ideais. Hoje, Eva é atraída por Clarice Lispector, por se identificar com passagens da vida e da obra da escritora.

Mas a fantasia tem outras funções: Eva imagina o que pode acontecer e recua diante da possibilidade de sair derrotada ou machucada. É o caso, em criança, de ficar embaixo da goiabeira com medo de se machucar caso subisse e caísse, mas informando-se com o irmão, que estava no alto da árvore, sobre o que ele estava vendo ou mesmo ajudando-o a localizar as goiabas, orientando-o quanto ao que fazer. Em adulta, não assume determinado cargo público porque avalia as possibilidades de êxito e o que ocorreria em matéria de intrigas e ciumeiras, e não o aceita porque não quer sair machucada (assim como não queria sair machucada caindo da goiabeira), preferindo ficar numa posição mais protegida. Talvez esse receio de sair machucada tenha suas raízes no que aconteceu com Eva aos quatro anos de idade: no primeiro dia de aula no colégio novo, ela foi agredida sem motivo por uma coleguinha, que lhe arranhou o rosto.

Por receio de ser machucada, ela desenvolveu a cautela, mas, como é uma pessoa de objetivos, não desiste, então procura caminhos alternativos. Desenvolve métodos para atingir esses objetivos e traça desvios quando preciso, para melhor alcançá-los. É possível vê-la na política do colégio – não se candidatando a presidente da classe, porque achava que não tinha chances de vencer, mas entrando como vice-presidente. É possível vê-la também, já adulta, chegando a uma praia de veraneio e observando o ambiente, vendo a melhor forma de se relacionar com o grupo sem entrar de peito aberto; no dizer dela, *comendo o mingau pelas beiradas*. É possível vê-la no trabalho organizando, preparando funcionários, orientando as ações, mas guardando certa distância como melhor forma de atingir seus objetivos.

A fantasia e a imaginação têm ainda outra função: a de ajudá-la a se recolher em si, como forma de refúgio e como um momento só seu. Em criança, a necessidade de se recolher é vista em comportamentos como:

Hoje não vou brincar com meus amigos, vou conversar com as árvores. Ou quando adulta: *Há dias que não paro para pensar!*

O grande potencial de Eva para fantasiar e imaginar também é colocado a serviço da lógica e da organização. Assim, ela cascavilha, numera e analisa objetos para pensar o que pode ser feito com eles; ela os organiza dentro de certo parâmetro para melhor dominar a realidade em questão. Tem determinada maneira de pensar, que põe dentro ou fora de seus interesses o que está dentro ou fora dessa lógica. É possível notar isso em criança, com seus brinquedos: ela numera todas as bonecas por tamanho (Eva tinha vinte e duas bonecas) e sabe exatamente o que fazer com elas em suas brincadeiras. Lembra-se até de uma casinha de bonecas linda, que ela adorava. Quando a ganhou, sabia exatamente o que ia colocar dentro dela e o que não. Foi um presente tão marcante que passou a lhe servir de parâmetro quando alguma coisa não entrava em seu esquema de pensamento. Isso ou aquilo cabia ou não em sua casinha.

Em adulta, vamos ver isso não só em sua organização doméstica, em construções e mudanças – é nítida a clareza com que ela funciona nesses momentos, sabendo exatamente o que vai aproveitar da demolição, o que vai levar de uma moradia para outra – mas também em arrumações corriqueiras, que são tão bem organizadas quanto suas bonecas e sua casinha o eram no passado. E também em organizações não corriqueiras, como a grande cheia que inundou Recife: recém-casada, ela foi chamada para ver a péssima situação da casa do pai, que estava viajando com o resto da família. Mesmo sem prática como dona de casa, nem experiência em cheias, num instante Eva organizou todos os trabalhos que deveriam ser feitos e determinou o modo como deveriam ser feitos. Não pediu orientação aos pais, nem sequer comunicou a eles o que pretendia fazer. Quando chegaram de viagem, estava tudo pronto. A imaginação a serviço da lógica e da fantasia é vista também no trabalho, onde ela entrou cascavilhando tudo o que lhe cabia fazer com aqueles "objetos", analisando-os e pondo-os a serviço de sua imaginação, criando novos caminhos para atingir seu ideal dentro daquele trabalho.

Mas Eva tem uma característica interessante, que também vai à infância: organizar para que sobre tempo para fazer outras coisas de que goste ou de que precise. Assim, podemos vê-la, em criança, vendo as reclamações da mãe com a cozinheira e assumindo a cozinha por um dia. Viu o que tinha em casa, organizou um cardápio, fez o jantar. Depois se desinteressou da cozinha, porque tinha coisas mais interessantes em que soltar a imaginação. Hoje ela faz o mesmo no ambiente doméstico: treina a empregada e, quando chega uma novata, não perde mais tempo ensinando, passa a tarefa imediatamente para a antiga – aliás, noutro setor, esse era um ensinamento do pai, que sempre lhe dizia em relação à literatura: *Não perca tempo com coisas menores; leia os clássicos*. Ela faz o mesmo na vida doméstica ou no trabalho: organiza, prepara funcionárias para as tarefas rotineiras e para coisas importantes do serviço, reservando para si a chefia, o comando, as ideias e o tempo disponível para outros afazeres. Podemos vê-la num jantar entre amigos em que cada um prepara, *in loco*, o que vai servir; ela, em vez disso, chega com uma cozinheira e o prato praticamente pronto, como ela ensinou e orientou a outra a fazê-lo. Na frente do fogão e dos amigos, Eva dá uma mexida na panela, um toque qualquer que acha necessário e serve o prato.

Quanto ao trabalho, ela ensinou o filho – que seguiu a mesma profissão que ela – tudo o que sabia e, aos poucos, foi passando para ele a confecção de seus textos, ficando livre para realizar outras atividades. Fez isso não só com o filho, mas também com outras colegas da equipe que ela comanda. O trabalho é bem-feito e fica pronto em tempo hábil – como ela quer e idealiza, de acordo com sua maneira de pensar. Essa sua maneira de pensar com relação ao uso do tempo e seus afazeres já era bem evidente na época do vestibular. Um amigo de seu pai comenta que ela deverá ser a primeira colocada no vestibular; o pai retruca que a primeira ela não será, porque lhe falta a dedicação exclusiva, a obsessão pelo estudo, deixando de lado tudo o mais. De fato, Eva foi a terceira colocada. Mas, para ela, quatro horas de estudo por dia já eram suficientes para passar bem, e assim ela podia dedicar o tempo livre a outros afazeres, a outros atrativos da vida. É como o que ela faz em relação ao trabalho: dedica-lhe o tempo necessário para que ele flua, para que seja bem feito dentro de determinado tempo, organizando-o, traçando as coordenadas para alcançar um ideal, usando sua fantasia, sua imaginação fértil na busca desse objetivo, mas resguardando-se da frente de batalha, onde estão colocados seus "soldados" bem treinados. Fica a observá-los e a orientá-los, dizendo-lhes o que fazer – como na goiabeira, em que, debaixo da árvores, orientava o irmão, que subia e pegava as goiabas.

Capítulo 6

●●●●●●●●●●●●●●●●●●●●●●●●●●●●●●

SÍNDROME DO PÂNICO, PARALISAÇÃO DIANTE DO TRABALHO E FORTE ANSIEDADE

● ● ●

CASO LAURA

Laura, outra paciente mencionada neste livro, é um caso mais abrangente, pois cada caso estudado antes iluminava um pouco mais as repetições e promovia um avanço nas ideias sobre a estruturação do Eu e sua patologia.

Apresentarei aqui suas relações com o pai, a mãe, o meio ambiente de maneira geral e consigo mesma, baseadas em suas lembranças infantis. Ao mesmo tempo, serão deduzidas (quando ela não se lembra) as reações da paciente a esse meio ambiente, as quais serão confirmadas por suas reações posteriores, conscientes e repetitivas, ao examinarmos as repetições ao longo de sua vida. Portanto, não é uma interpretação nos moldes psicanalíticos, mas uma captação da essência repetitiva. O que veremos com o padrão repetitivo psicológico (PRP) e o levantamento da história de Laura é que todos os elementos estruturantes de seu Eu (como já foi visto em exemplos anteriores) estão delineados na infância, talvez num grau menor de intensidade, mas estão ali. Passemos, portanto, a Laura em criança.

6.1 Relação com a mãe

Laura era uma menina distraída que perdia as coisas, conversava com os lápis e outros objetos, e gostava de andar dando passos para a frente e para trás – por tudo isso, a mãe tinha receio de que ela tivesse algum problema de ordem psicológica. Esse receio fez com que a mãe levasse Laura ao psiquiatra, até porque tinha na família uma prima com esquizofrenia. Laura, por sua vez, desenvolveu um medo de ser maluca. A mãe não a aceitava como ela era, queria que se encaixasse em determinados padrões que admirava, o que dava a Laura a impressão de que, para ser aceita, precisaria adotar determinados comportamentos. A mãe se identificava melhor com a filha mais velha, e, com isso, Laura sentia-se um pouco de fora. Isso não lhe trazia sofrimento, porque tinha o pai, mas a fazia se sentir fora de um grupo.

Como Laura era muito agitada, para conseguir que ela dormisse, a mãe advertia que, à noite, João Bicudo (personagem fictício) observava menina que ficava acordada. Na cabeça de Laura aparecia uma figura com um bico enorme, que a deixava com medo de ter suas coisas sugadas.

A mãe mostrava a ela o lado realista da vida, pois era muito "pé no chão"; Laura, em oposição, era uma criança desligada e sonhadora. Ela se lembra de, algumas vezes, mentir para a mãe só para que o comentário dela não estragasse seu sonho. Essa maneira de ser da mãe faz com que a possibilidade de coisas difíceis acontecerem esteja sempre presente. Isso fazia Laura pensar sempre no pior, ter medo de certas situações e acreditar que, para ser aceita em determinados blocos, precisava se adequar a determinados padrões. A relação com a mãe tem alguns componentes que eclodirão mais tarde, na época da síndrome do pânico.

6.2 Relação com o pai

O pai a aceitava como ela era; os dois tinham uma relação leve, sem intermediários. Laura podia falar com ele sobre qualquer coisa, o que fez com que ela passasse a gostar de relações leves e desenvolvesse o "ser leve". O pai dava-lhe segurança, porque tirava suas angústias – como no cinema, por exemplo, quando ela ficava com medo e angustiada com tantas mortes nos filmes de caubói. Ele explicava a Laura que ninguém tinha morrido e que, depois da filmagem, os atores tomavam uma cerveja no bar.

O pai supria suas necessidades de criança: ele a levava a cinemas, circos, aniversários. Era uma pessoa que gostava de fazer as pazes e de evitar problemas com os amigos, e Laura também é assim. O pai era, enfim, uma pessoa que Laura admirava; queria ser como ele, procurava agradá-lo. Acabou desenvolvendo o medo de perdê-lo, porque era uma coisa muito boa para ela – talvez até uma reação à relação mais sensível com a mãe. Ela o amava muito e lembra-se de, quando era bem pequena, ficar olhando pela janela um tanto ansiosa esperando-o chegar. O pai deixava-a segura, mas também ansiosa por sua chegada, pela possibilidade de perdê-lo ou de lhe acontecer algo ruim, ansiedade essa que parece eclodir no tempo presente, em relação à filha Ana.

6.3 Relação com as avós (perdas)

Ainda muito pequena, Laura perdeu as avós. A avó, mais ligada à família, morava com eles, mas Laura não tem lembranças desse tempo, porque era muito pequena. Lembra-se do velório em sua casa, mas isso não lhe causou nenhum impacto, porque tinha quatro anos.

Lembra-se também de que a outra avó mudou-se para sua casa, bem doente, para ser tratada pelos pais, mas tinha pouca ligação com ela. Lembra-se de que, nessa época, ficou cuidando de uma plantinha do jardim que estava morrendo; ela a regava todos os dias, e a planta não morreu, ao passo que a avó veio a falecer. Nessa vivência, Laura já demonstra um comportamento concreto imitativo e também a possibilidade de uma aprendizagem abstrata: se tomasse conta, cuidasse, nada de ruim poderia acontecer. Da morte das avós ela pode ter captado a possibilidade de perda, o que pode ter sido transferido para o cuidado com o pai e o medo de perder algo muito bom, talvez uma consequência de a mãe frisar o lado ruim da vida.

6.4 Relação consigo mesma

Sentia uma certa inferioridade por não ter o corpo das amigas – era muito magra, enquanto as outras eram mais cheinhas – e por não ter recebido nenhum prêmio por sua beleza (o que costumava acontecer nos clubes, em determinadas festas), em oposição a duas amigas, que foram premiadas. Talvez a sensação de insatisfação com o próprio corpo fosse reforçada pela mãe, que a chamava de "canela fina", embora de forma afetuosa. Sentia também certa inferioridade por ser diferente das outras meninas, cujos pais e mães frequentavam as festas, o que não ocorria com ela, porque, na maioria das vezes, a mãe não ia, e ela ia acompanhada apenas do pai. Lembra-se de pensar, nessa época, que seria bom se tivesse uma mãe mais sociável, pois assim seria igual às outras meninas. Devia ter também certa insatisfação por causa de seu jeito "desligado", que a fazia perder coisas: aos doze anos, ela perdeu uma pulseira; aos quinze, perdeu seu vestido de festa dentro de um ônibus. Essa insatisfação parece ser confirmada pela onda de orgulho e prazer que invadiu Laura, já adulta, quando, numa viagem com os amigos, ela percebeu que foi a única a não perder nada, o que a fez se sentir superior aos outros.

6.5 Relação com a moradia

Quando pequena, sua família mudou-se de casa, passando a viver num condomínio onde todos eram pessoas amigas. Nessa moradia, Laura vê que, mesmo estando só, tem a quem recorrer caso precise; passou a gostar da vida em grupo com os amigos, a ter uma segurança no grupo, sentindo-se ansiosa quando ficava só, por não ter a quem recorrer. Lembra-se da ansiedade que a dominou na escola, aos sete anos de idade, porque foi ficando sozinha à medida que as colegas iam entregando as tarefas e saindo da sala. Lembra-se de que foi dominada por uma paralisia, embora soubesse o que tinha que fazer. Lembra-se também de, em criança, ir à missa com as amigas – mais pelo grupo do que pela missa propriamente dita. Da religião ela herdou também a ideia de que, se comportando bem, atrairia coisas boas para si.

Os pontos-chave desse universo infantil, que vão estruturar sua maneira de ser adulta, seu padrão repetitivo mental, são:

- insegurança e medo quanto a certas doenças graves de outras pessoas, porque teme ser acometida por elas (tornar-se maluca, por exemplo);
- medo de ser invadida na sua privacidade por algo que vai sugar coisas suas;
- pensar sempre no pior, em coisas ruins que podem acontecer;
- acreditar que um comportamento errado pode atrair coisas ruins para si;
- adotar comportamentos do outro ou porque admira ou porque quer ser aceita pelo bloco;
- ansiedade pelo medo de perder algo bom, deixando qualquer coisa boa que está na iminência de acontecer mesclada pela ansiedade;
- crença de que cuidando ou estando perto da pessoa cuja perda teme, nada de ruim vai acontecer a ela;
- inferioridade quando se sente, de alguma forma, abaixo das colegas, e orgulho quando se sente superior a elas;
- prazer no grupo e ansiedade ao ficar só, sem ter a quem recorrer.

Esses pontos-chave deram origem não só a um transtorno psíquico, mas também à síndrome de pânico que lhe acometeu há alguns anos e a problemas menores, como uma paralisia diante do trabalho, que não lhe permitia fazer o que sabia que deveria (queixa inicial já superada), e um desgaste psicológico com sofrimento pelo excesso de ansiedade, o que lhe ocorre no momento atual. Como veremos a seguir, esses três momentos psíquicos estão enraizados na infância, na relação com a mãe, com o pai, consigo mesma, com a perda das avós e com o tipo de moradia, que lhe propiciou uma forte relação de grupo. Mas não há uma relação um a um entre os problemas de ordem psicológica e as relações da infância. Assim, a síndrome de pânico tem a ver com a relação de Laura com a mãe – com o medo do João Bicudo e a insegurança quanto a sua sanidade mental – e também com sua relação consigo mesma – a insatisfação advinda de certa inferioridade em relação às amigas, inferioridade leve que vai chegar a um grau extremo quando de sua baixa autoestima em relação a determinado trabalho. Já em adulta a cura da síndrome de pânico, ocorrida anos atrás, depois de um processo de terapia, tem a ver com a relação tranquilizadora de Laura com o pai e com o tipo de relação que ele estabeleceu com ela na infância. Já a paralisia acompanhada de ansiedade em relação ao trabalho (queixa inicial) tem a ver com a paralisia diante da tarefa na escola, quando Laura vê as colegas saindo, uma a uma, e deixando-a sozinha na sala de aula. Isso também tem a ver com o bem-estar no grupo e a ansiedade ao ficar só, sem ter a quem recorrer. Por fim, a forte ansiedade (atual) em relação a sua filha Ana tem a ver com a relação de Laura com o pai: ambos, em seus devidos papéis, estabeleceram relações leves e satisfatórias, o que gerou nela um medo de perdê-los, uma preocupação com que nada lhes acontecesse de ruim, além de gerar formas de controle e de se sentir perto, zelando por eles. Uma forma de controle infantil era o andar dando passos para a frente e para trás, o que evitaria que algo ruim acontecesse; hoje, a forma de controle pode ser vista nas ligações feitas pelo celular, à noite, quando Ana demora a chegar em casa, porque se sente perto da filha, zelando por ela (como fez com a plantinha, em criança) – se estiver perto dela, nada de ruim pode acontecer. Laura também fica preocupada quando algo não está correndo bem, como é o caso agora: Ana está em busca de um emprego e, por isso, Laura fica constantemente pensando em como ajudá-la, no que fazer para poupá-la dessa ansiedade, procurando também não passar sua própria ansiedade para a filha, preocupada em evitar o que possa lhe acontecer de ruim, entrando, assim, num processo muito desgastante.

Esse universo, que forma a maneira de pensar e de sentir de Laura com relação a si própria e ao mundo, pode ser visto ao longo de sua vida. Podemos afirmar que cada um de nós carrega seu universo infantil de percepções e reações (sentimentos, pensamentos e comportamentos) ao meio ambiente encontrado na infância e interagido pela criança com seu potencial genético ou inato. E a essas percepções e reações se agregarão as decorrências e as repetições em contextos diferentes (mas iguais na essência), que estruturarão seu Eu saudável ou sofrido, dependendo do tipo de repetição desenvolvida.

Começaremos o Caso Laura com a síndrome do pânico que a acometeu anos atrás, quando ela morava no Rio Grande do Sul. Embora seja possível isolar e restringir a síndrome a determinados episódios e a determinado tempo, ela se estende a fatos anteriores e se prolonga até fatos posteriores. Na verdade, a denominação *pânico* advém do período em que estavam exacerbados o medo, a angústia, a ansiedade e a baixa autoestima, o que a levou a um médico e a um psicoterapeuta em busca de ser medicada com remédios e psicoterapia, mas elementos dessa síndrome também existiram antes e depois da crise. Como precisamos de um ponto de partida para a história de Laura adulta, elegeremos o fato ao qual ela atribui a característica de desencadeador da síndrome para dar início a uma tentativa de compreensão do padrão repetitivo PRP. Na síndrome do pânico veremos:

- tentativa de se adequar ao grupo;
- medo de atrair o mal para si, por conta de seu comportamento errado;
- ansiedade e medo por ser deixada sozinha, sem ter a quem recorrer;
- humilhação e inferioridade em relação às colegas;
- medo de ter a doença do outro e de ser maluca;
- medo de ser invadida em sua privacidade e de ser sugada de seus afetos;
- medo de determinada, histórias, por terem muitas mortes.

Para se acalmar, não só momentaneamente mas também de maneira duradoura em relação ao pânico, temos:

- conversa sem intermediários, podendo falar o que quiser;
- relação leve, tranquilizadora.

Passemos para a síndrome do pânico: Laura muda-se para o Rio Grande do Sul e começa a trabalhar como arquiteta numa grande empresa. É uma nordestina no meio de sulistas; ouve comentários sobre seu sotaque e busca se adequar ao grupo (isso remete à relação com a mãe, que desejava que Laura se adequasse a determinado padrão, não a aceitando como era, e à relação com o pai, que ela admirava e em quem se espelhava). Por isso, adere a um movimento do grupo para demitir determinado funcionário – ela não tem nada a ver com isso, não é de seu feitio fazer esse tipo de coisa. Fica arrependida, achando que fez um mal, porque a pessoa foi demitida, com medo de que seu comportamento errado atraísse coisas ruins para si (aqui se vê a ativação de um medo infantil: o medo de coisas ruins acontecerem, atraídas por determinado comportamento seu, crença essa infundida pela religião).

Essa adequação ao grupo não apareceu apenas nesse momento; anos atrás, quando ela se formou, conseguiu um emprego em que seus colegas de trabalho eram de esquerda, atuantes, e ela admirava seus discursos ideológicos. Chegou ao ponto de se constranger por gostar de comprar roupas. Passou a imitá-los, até o dia em que uma amiga comentou que ela era uma pessoa leve e disse a ela que características de Laura ela apreciava. E então ela viu que a amiga gostava justamente daquilo que ela estava lutando para perder. A partir daí, voltou a ser o que era. Mais tarde, já casada (outra adequação ao padrão), na escolinha onde a filha aprendia inglês, as mães das outras crianças ficavam conversando sobre problemas domésticos, cuidados com a casa, receitas; ela achava tudo aquilo uma chatice, mas, depois, achando que aquele era o padrão apreciado pelo marido, passou a se dedicar à vida doméstica, arrumando a rouparia segundo o modelo recomendado pelas outras mães. Até que se cansou disso e deixou para lá as prendas domésticas.

Voltando ao Rio Grande do Sul, à síndrome do pânico e ao momento da demissão do funcionário, Laura continuou a desenvolver seu trabalho. Ela se envolveu num projeto que acabou sendo enviado a Nova York e que precisava ser acompanhado por ela. Ela viajou com o marido, que devia voltar ao Brasil antes dela. Lá, diante da ideia de ficar sozinha, foi dominada pela ansiedade. A ansiedade a fez lembrar-se de outra viagem, quando foi fazer um curso de inglês nos Estados Unidos: quando o marido voltou para casa e ela se viu sozinha no fim de semana, sem ter a quem recorrer, foi dominada pela ansiedade e lembrou-se de uma amiga que morava numa cidade próxima. Acabou viajando até lá, mas não conseguiu ficar sozinha no país; então, desistiu do curso e voltou ao Brasil. Lembrando-se da experiência anterior, viu que não poderia ficar sozinha em Nova York, por conta do trabalho – isso nos reporta à infância, quando ela também foi dominada pela ansiedade, que a impediu de concluir uma tarefa escolar, ao ver as colegas saindo da sala de aula e deixando-a sozinha. Embora soubesse o que tinha que fazer, ficou paralisada. Foi falar com o chefe para dizer que não tinha condições de ficar em Nova York para realizar seu trabalho, e ele foi extremamente grosseiro com ela, o que a deixou abalada. Voltando para o Rio Grande do Sul, foi retirada do setor onde trabalhava e encaminhada para um menos importante. Ficou humilhada, abaixo dos colegas (o que nos reporta, embora em grau muito mais elevado, à inferioridade na infância em relação às amigas), sem ter o que fazer; com a autoestima baixíssima, ela acabou pedindo demissão. Estava muito fragilizada pelo ocorrido, a tal ponto que, numa reunião de grupo, perguntaram o que ela era, e ela não teve nem ânimo para dizer qual era a sua profissão, respondendo que *não era nada*.

Nessa época, ela estava péssima emocionalmente, tendo contribuído para isso o pensamento assustador de que coisas ruins estavam acontecendo por conta de ela estar atraindo o mal para si, por conta do mal que tinha feito ao participar da demissão do funcionário. Juntou-se a isso o fato de uma funcionária sua enlouquecer de repente, o que fragilizou Laura um pouco mais, já que ela era insegura quanto a seu próprio equilíbrio mental. Esse é um retorno a seu medo infantil de ter a doença de outros (no caso, a maluquice da prima esquizofrênica), que vai retornar em outros momentos de sua vida, sob a forma de medo de ter herdado geneticamente o câncer da avó por conta de sua semelhança com ela, alardeada por todos da família; medo de ter AIDS por conta de dois colegas que tiveram a doença, apesar de não pertencer a nenhum grupo de risco; e medo de que as filhas tivessem alguma doença grave, inusitada. Depois, seu estado emocional piorou com o medo que desenvolveu em relação a outra funcionária: era uma pessoa muito eficiente e gostava muito das filhas de Laura, que ainda eram pequenas. Mas gostava tanto das crianças que começou a não querer tirar folga para não se afastar delas. Laura foi tendo a sensação de estar sendo invadida e sugada em seus afetos, sensação essa que veio acompanhada de um medo muito grande.

O medo de ter suas coisas sugadas pode ser relacionado ao medo que Laura tinha de João Bicudo, personagem folclórico assustador, de bico grande, que ia chegar ao quarto dela caso não dormisse logo. Ela se lembra de sonhar com ele e acordar assustada, sentindo-o à espreita, pronto a fazer-lhe algum mal, sugando coisas suas com aquele seu bico grande (talvez esse medo na hora de dormir tenha gerado nela a ansiedade ao ficar sozinha, sem ter a quem recorrer e, consequentemente, o bem-estar no grupo).

Entretanto, em adulta, o medo de ser sugada por alguém não ficou restrito a essa funcionária; ela sentiu medo também no começo do casamento, primeiro em relação a uma amiga e depois à sogra. Passemos aos fatos: a amiga (que não era tão amiga assim) começou a frequentar sua casa, aumentando cada vez mais as visitas, dormindo lá e chegando ao cúmulo de querer deixar um colchão para que houvesse lugar para ela sempre que quisesse. Laura começou a ficar com medo dela, com a sensação de estar sendo sugada em sua privacidade e seus afetos. Passou a não recebê-la. Quando ela tocava a campainha, vinha o medo e ela não abria a porta. Ficava em silêncio, parada, sem fazer nenhum barulho, enquanto a outra tocava a campainha repetidas vezes, até que desistia e ia embora. Isso aconteceu algumas vezes e a amiga tentou conversar com ela ao telefone, mas ela não aceitou, e a relação com a moça acabou.

Então veio o medo da sogra. No início do casamento, sua presença era muito boa. Laura havia se mudado para o Rio Grande do Sul, onde não conhecia ninguém; sua sogra a ajudava viajando para sua casa sempre que Laura precisava dela para ficar com as crianças. Mas a sogra também começou a se comportar de forma invasiva, trocando os móveis de lugar quando Laura estava fora, levando coisas emprestadas porque *estava precisando*; chegou ao ponto de levar embora um banco, dizendo, ao se despedir, que *ia levar um porque Laura tinha três*. Tudo isso foi despertando em Laura um medo infantil, como se a sogra fosse uma bruxa; esse medo foi acompanhado da sensação de ser sugada – daí nossa associação com o João Bicudo. O medo do João Bicudo, à espreita, pronto para sugar coisas suas, parece ser uma boa explicação para medos posteriores, que vieram acompanhados da sensação de estar tendo suas coisas sugadas.

Na época da funcionária que enlouquecera e de sua própria instabilidade emocional, Laura estava tão nervosa que – talvez justamente por isso – seu marido decidiu levá-la para viajar. Mas a viagem foi péssima, dominada por muitos medos, como o que a dominou em Lisboa: estavam num grupo com uma guia que mostrava a parte antiga da cidade enquanto rememorava a tragédia que a epidemia da peste fora para seus habitantes. E, à medida que a guia ia falando, contando aos turistas os fatos históricos, Laura ia sendo dominada por um medo muito grande, sem saber exatamente de quê; ela foi se deixando levar pelo choro, e o marido precisou afastá-la do grupo para ver se ela se acalmava. Vendo seu estado – ela estava completamente dominada pelo pânico – ele resolveu interromper a excursão. Àquela altura, o grupo já estava visitando a catedral, e o marido disse a ela para entrar e avisar à guia que iam se desgarrar. Ela entrou na igreja. Havia muita gente, e ela não conseguiu enxergar a guia no meio da multidão; sentou-se num banco e esperou que os turistas saíssem para poder vê-la. Estavam tocando uma música sacra e ela ficou ouvindo, ouvindo, ouvindo e foi se acalmando, até ficar totalmente tranquila. Saiu da igreja e avisou ao marido que não precisavam mais ir embora.

Ela era incapaz de explicar o que acontecera, mas teve um *insight* na sessão: a música era sacra, e a música sacra é uma forma de entrar em contato com Deus, de conversar com Ele. E a conversa com Deus a acalmou, dando-lhe a sensação de que nada de ruim poderia lhe acontecer, como a acalmava, em criança, a conversa com o pai, quando tinha medo dos filmes de caubói, tiros, mortes e ele lhe dizia que nada de mau aconteceria aos atores. E então, inconscientemente, a conversa com Deus acalmou-a quanto àquelas mortes causadas pela peste. Faz sentido a comparação, porque ela vê mais uma semelhança na relação com Deus e na relação com o pai – em ambas, o acesso direto, a conversa sem intermediários. E, calma, ela conseguiu fazer o restante da viagem sem maiores percalços.

Como explicar isso? Como funciona a mente para causar em Laura o que causou? Levanto uma hipótese: a determinado significado corresponde determinada reação sensorial, emocional ou sentimental; quando é encontrado esse mesmo significado, apesar de aparecer num contexto diferente, a reação volta. No caso, o pai tinha como significados o fato de ser amado, de ela conversar com ele sem intermediários, de ser acalmada por ele nos momentos de medo, quando assistia a algum filme que tratava de morte. Em relação a Deus, o significado era o mesmo: ele também era amado e, dentro daquela igreja, ela ouvia a música sacra, que é uma forma de conversar com Deus, uma conversa sem intermediários num momento em que ela está com medo das histórias sobre a peste e as mortes causadas por essa epidemia. Esse significado de conversar diretamente com Deus traz a mesma reação emocional, de calma e paz, que ela sentia com o pai quando ele conversava com ela, tirando-lhe o medo das histórias de caubóis, cheias de morte. E é interessante que, quando teve síndrome de pânico, ao fazer terapia com outro profissional, Laura sentia uma relação leve e a mesma distensão que sentia quando falava com o pai. Quando algo a angustiava, ela pensava de imediato: *Amanhã falarei com meu terapeuta e me acalmarei conversando com ele!* E mais ainda: ela tinha medo de que ele morresse, assim como tinha medo de que algo ruim, ou mesmo a morte, acontecesse a seu pai. Podemos sugerir, então, que a relação terapeuta-paciente repetiu a relação pai-filha e foi curativa, calmante para seus pânicos, porque a relação com o pai era extremamente calmante para seus pânicos infantis.

Já a queixa atual, que a fez procurar psicoterapia, tem a ver com:

- a passagem de uma relação leve com o grupo para o peso de ficar sozinha;
- a perspectiva de algo ruim prestes a acontecer.

Essa queixa referia-se a seu momento profissional, que não andava bem; ela se encontrava totalmente desestimulada para "tocar o barco". Laura atua no setor alimentício e é dona de alguns restaurantes, mas está sem estímulo para trabalhar. É com muito esforço que ela vai para o trabalho. Até a caminhada do carro até seu estabelecimento lhe é penosa. Já chegara a ter até quatro restaurantes. Os dois primeiros não deram certo e ela vendera. Abrira, então, X e Y em bairros opostos. Era mais ligada a X, que estava num bairro mais perto de casa e de que tomava conta. Sentia-se estimulada, gostava do que fazia, sentia prazer no trabalho, tinha uma boa equipe, com funcionárias atuantes de bom nível e que vibravam com o que faziam. Formavam uma boa equipe, com uma relação leve, ligadas por um objetivo comum. Ela gostava muito do trabalho (aqui já temos o prazer no grupo, decorrência de uma relação prazerosa em grupo no condomínio, em criança). Já na outra unidade ela só ia de quinze em quinze dias, por comodidade, já que ficava mais distante e que tinha uma gerente que tomava conta do lugar. As funcionárias eram de um nível mais baixo, não tinham a mesma vibração com o trabalho e não formavam uma equipe, como ocorria com as funcionárias de X. A empresa Y rendia pouco e ficava num lugar menos movimentado.

Mas X começou a dar prejuízo. Laura foi perdendo dinheiro e se angustiando com isso. As coisas pioravam cada vez mais, o prejuízo crescia e ela tinha medo do que viria pela frente. Disse às funcionárias para procurarem emprego, porque ela ia fechar o restaurante, mas elas disseram que ficariam com Laura até o fim. Esse comportamento a emocionou.

Ao contrário do que imaginaram as amigas, já que ela era muito ligada a esse restaurante, Laura tomou, de forma objetiva, todas as medidas práticas para seu fechamento; sentiu até alívio quando fechou as portas, porque tinha acabado o medo do que viria pela frente, sem saber aonde chegaria o montante do prejuízo. Voltemos a seu processo associativo – no caso consciente – quando relacionou seu momento presente (fechar a empresa) a um momento num passado recente, que foi a morte de seu pai. Laura afirmou que seu comportamento em ambas as vivências foi igual, para a surpresa dos amigos, que, sabendo como era muito ligada a ambos, imaginaram que seria dificílimo para ela perdê-los. Nas duas situações, Laura tomou todas as providências práticas (fechamento da empresa, enterro do pai), sentindo-se até aliviada, apesar de ser tão ligada a eles, porque estava encerrando a angústia de não saber o que vinha pela frente (em relação ao restaurante, o montante do prejuízo e, em relação ao pai, o tipo de morte que ele teria, porque não queria que ele sofresse). Ajudou-a a enfrentar bem os dois desfechos o fato de ela perceber que não estava sozinha. Ela tinha a equipe, que ficou com ela até o fim da empresa, e o pai estava cercado pela família quando faleceu; para ela, isso é tranquilizador, por suas características de se sentir bem quando acompanhada, além de ser um bom sinal segundo o espiritismo (crença com a qual ela simpatiza), já que cada um recebe na morte o que merece, pelo tipo de pessoa que foi em vida. Isso a tranquilizou quanto à angústia da morte, angústia por não saber o que vinha pela frente, no sentido do tipo de morte que o pai teria: se seria sofrida (como sofreu de angústia em relação à empresa X, por não saber o que vinha pela frente em matéria de prejuízo), porque o pai foi uma pessoa boa. A angústia de não saber o que vinha pela frente, o medo do que poderia acontecer, pode ser relacionado, também, ao medo infantil do João Bicudo, medo de saber que ele podia chegar a qualquer momento, assim como a morte, que também pode chegar a qualquer momento, e que quando chegar, não se saber o que pode acontecer.

Restou a empresa Y e, com ela, o desânimo. Saiu a equipe de X, que era praticamente a mesma desde a inauguração e com a qual Laura era muito afinada; depois saiu a gerente (não fazia mais sentido mantê-la, já que ela estava assumindo), e ela foi se sentindo sozinha, desanimada. Chamou o marido, mas ele se recusou, dizendo que o trabalho era dela e que era ela quem tinha que arcar com ele; chamou a filha, que também se recusou, por não ter tempo. Assim foram saindo um por um e ela foi ficando sozinha; foi lhe dando mal-estar e certa paralisia, embora ela soubesse o que tinha que fazer (para impulsionar o restaurante), exatamente como o que ela viveu aos sete anos de idade, quando, em sala de aula, as alunas foram saindo uma a uma, após entregar as tarefas, e ela foi ficando sozinha, angustiada e paralisada, embora soubesse o que tinha que fazer (para realizar a tarefa). Essa sensação de ansiedade (sem a paralisia) também ocorre em festas e na casa de campo, quando os amigos vão se despedindo um a um e ela vai ficando sozinha com o marido. Imediatamente, ela o apressa para irem embora. Isso também ocorreu no curso de inglês nos Estados Unidos, onde ela se apressou para vir embora para o Brasil ao se ver sozinha; o fato repetiu-se anos mais tarde, quando ela voltou a Nova York para apresentar um trabalho e também não conseguiu ficar sozinha após a volta do marido para casa.

Já na ansiedade em relação a sua filha Ana, veremos se repetir a relação de Laura com o pai:

- relação leve, sem precisar de intermediários;
- aceitação do jeito que ela é;
- preenchimento de suas necessidades pessoais;
- temor de que algo ruim possa lhe (ao pai/à filha) acontecer;
- tentativa de controle, de evitar o mal ficando perto (do pai/da filha);

- ansiedade na expectativa da coisa boa que vai acontecer, pelo medo de perdê-la.

Passemos agora à relação com o pai, na qual encontraremos os pontos de partida para a eclosão da ansiedade na relação de Laura com Ana. Laura era muito ligada ao pai. Falava tudo o que queria diretamente com ele; não precisava de intermediários. Era uma relação leve, que lhe agradava muito. O pai a aceitava como ela era (o que não ocorria com a mãe, que queria que Laura se adequasse a um padrão que ela considerava ideal) e também era ele quem satisfazia suas necessidades de criança, propiciando as diversões, como aniversários, cinema, circo... A mãe nunca ia junto, daí sua maior ligação com o pai. Lembra-se de que, quando ele demorava a chegar em casa, ela ficava à sua espera, com medo de que alguma coisa ruim acontecesse com ele. Era a ansiedade por medo de perder a coisa boa que estava para acontecer: a chegada do pai. Lembra-se ainda de ficar olhando pela janela, à espera de que ele apontasse na rua. Na adolescência, essa ansiedade de aguardar a coisa boa acontecer transfere-se para a festa, por exemplo, em que a expectativa da coisa boa está mesclada com a ansiedade por conta do medo de acontecer algo e ela perder a celebração.

Algumas aprendizagens automáticas ficaram desses dois tipos de relação. A relação com o pai se transferiu para a filha Ana, com quem tem uma relação leve (como tinha uma relação leve com o pai), que a aceita como ela é (como o pai a aceitava, sem precisar se adequar a nenhum padrão), que satisfaz sua necessidade de mãe que conversa muito com a filha (como o pai satisfazia suas necessidades de criança). O mesmo não ocorre com a segunda filha, Luíza, que nem sempre a aceita como ela é, que é mais reservada, conversando pouco com ela, com quem Laura não tem a relação leve que tem com Ana. O resultado disso é que, sem se dar conta, ela tem com Ana uma relação repetitiva da relação com o pai. Fica acordada à espera dela (como ficava acordada à espera do pai), mas não fica à espera de Luíza (como não ficava à espera da mãe). Temos aqui, então, um comportamento automático, sem consciência da aparente discriminação que está fazendo entre as duas filhas, por conta de uma situação infantil registrada na memória e reativada anos mais tarde, quando encontra outra situação que tem o mesmo significado: relação leve, que a satisfaz nas necessidades do momento, em que se sente aceita pelo outro do jeito que é e teme que algo ruim possa acontecer a esse outro, e uma reação automática – esperar acordada por Ana, e não fazê-lo por Luíza, a qual ela sente como uma pessoa mais segura, como se não precisasse se preocupar com ela, sentimento esse que ela tem desde quando Luíza era pequena, porque ela tinha um temperamento bem diferente do de Ana.

Veremos, ainda, algumas características de seu Eu, que contribuem para o momento atual difícil e que nos reporta também ao passado e à repetição. Ele tem a ver com:

- ser sonhadora;
- prazer no grupo;
- possibilidade de algo grave acontecer.

Sobre o momento atual, Laura começa dizendo que não está nada bem por conta de Ana. Ela sonha em vê-la formada e engajada numa boa empresa, fazendo carreira dentro dela. Vê-la desempregada está deixando Laura ansiosa, por conta do que ela pensa sobre o assunto: é necessário ter logo um bom emprego e fazer carreira dentro dele para ter estabilidade. Por conta dessa maneira de ser, fica ansiosa, achando que a filha não pode estar bem se está formada mas não está engajada em algum trabalho, porque ela, quando se formou, já estava engajada. Ana não passou numa seleção para um emprego em uma multinacional, embora tenha ido até o último estágio, vencendo várias etapas e sendo a terceira quando havia apenas duas vagas (ela, Laura, chegou a chorar quando recebeu a notícia). Mas a ansiedade parece deslocada, já que Ana está inscrita em outras seleções, está às voltas com *headhunters*, visando empregos fora do país, fazendo curso de inglês e pretendendo se engajar no alemão, além de se sair bem nas seleções. Ao lado dessa ansiedade estão emergindo sentimentos como raiva e inveja – este último sentimento desconhecido para ela – e pensamentos revoltados a respeito de as coisas estarem acontecendo com suas amigas (cujos filhos estão se empregando) e com ela não.

Ela está se sentindo impotente, completamente atada diante de Ana, o que não é de seu feitio. Por ela já teria ido atrás de um lugar para a filha num escritório considerado um dos melhores do país. Esse escritório tem como dono um amigo de seu marido, mas ele não dá um passo em relação a isso, porque acha precipitado. Pensa que Ana está indo bem por conta própria e não vê motivo para interferir. E assim Laura fica atada, porque caberia ao marido dar esse passo, mas ele não quer. Tudo isso está fazendo com que ela se sinta péssima, porque ela é uma pessoa de muita energia quando há algo de que gosta, que precisa ou quer fazer.

Minha interferência foi no sentido de pinçar o sentimento de impotência e pedir a ela que procure em suas lembranças alguma situação na qual tenha se sentido dessa maneira. Nada lhe ocorre. Nenhuma lembrança. Acha que nunca passou por nada igual. A conversa segue outro rumo e, de repente (não lembro mais o assunto que causou a associação), ela ri e diz: *Me lembrei! Aos treze anos me apaixonei por um menino*. Então, ela relata a lembrança que lhe ocorreu: aos treze anos, sonhava com o momento de ter um namorado. Apaixonou-se por um garoto e queria muito namorá-lo. Mas isso não estava acontecendo. O garoto não parecia querer, e ela estava se sentindo impotente, ansiosa, atada sem poder fazer nada. Não podia fazer nada e ficava um pouco ansiosa à espera de que algo acontecesse, mas nada aconteceu, porque o garoto não estava interessado e, naquela época, cabia ao rapaz dar o primeiro passo. Sentimentos negativos começaram a brotar, ainda de forma incipiente, e ela chegou a se perguntar: *Por que as coisas estão acontecendo com as outras, que já arranjaram namorados, e comigo as coisas não acontecem?* Soube depois que o menino estava namorando. O sonho se desfez e ela sentiu tristeza.

Ambas as situações têm a ver com o sonho de determinada etapa da vida, com a impotência em relação à concretização desse sonho (porque não cabe a ela dar o passo), com ansiedade e emergência de sentimentos negativos e, por fim, com a tristeza diante do sonho desfeito.

Voltando ao momento atual, Laura anda se sentindo irritada com o marido porque está só em relação a Ana. O marido não a acompanha no sonho, é muito pé no chão. Não é que ele não ajude a filha, não é isso – ele a ajuda em coisas práticas. Ele se ofereceu para dar de presente à filha o curso de inglês e o de alemão, se Ana achar necessário para conseguir a vaga no exterior. Mas na hora do sonho, na hora de ela ir logo para um dos melhores escritórios da área, ele não interfere. Acha cedo. A moça tem tempo. Está tomando os caminhos certos em sua luta por emprego – e isso irrita Laura. Queria que ele a acompanhasse nisso também. Mas ele não a acompanha (novamente a necessidade de estar acompanhada).

Perguntada se tinha, no passado, alguém que também a incomodava ou irritava por ser "pé no chão", ela diz que sim: a mãe. Lembra que, às vezes, mentia quando ela queria saber o que Laura ia fazer, porque a mãe estragava tudo com sua maneira de ser prática e nada sonhadora. Ela, Laura, é muito sonhadora e embarca logo no sonho, como no caso com Ana. Estavam jantando e ela disse ao pai que, para conseguir emprego no exterior, teria mais peso se fosse com a família. E aí ela se voltou para o pai e o convidou, dizendo que, para ele, seria fácil mudar-se, porque seu trabalho era feito pelo computador e ele podia trabalhar em qualquer lugar. Enquanto Laura a apoiou de imediato, dizendo-lhe que iria porque gostava de se mudar, o marido disse que não iria de jeito nenhum, porque não largaria suas raízes, não deixaria seus amigos. Aquilo irritou Laura. Mais uma vez ele não a acompanhava no sonho.

Sobre a necessidade de estar acompanhada, aconteceu algo interessante esta semana. Uma amiga dos tempos do colégio chamou Laura para ajudar em determinado trabalho numa cidade do interior no fim de semana. Um trabalho não remunerado. Era algo a ver com trabalhos artesanais, com dar ideias para um pessoal que tinha habilidade, mas a quem faltavam gosto e informação. Era algo que Laura gostava de fazer, além de estar com a velha amiga dos tempos de colégio, do tempo em que veio morar em Recife a fim de se preparar para a universidade. Na época, a ideia de se mudar para Recife foi influenciada por um grupo de amigas que estava vindo e ao qual ela se juntou mais pelo grupo do que por vocação propriamente dita. Mais uma vez, o grupo atraindo Laura como atraía no condomínio, em criança, ou aos domingos, quando ela ia à igreja mais pelas amigas do que pela missa. Pois bem. Laura foi ao interior acompanhando a amiga do colégio. Ficaram hospedadas num convento e, juntas, desenvolveram o trabalho com o grupo. E Laura sentiu-se muito bem e constatou, mais uma vez, como gostava de estar acompanhada, trabalhando com outras pessoas. Mas no momento atual essa percepção foi importante porque ela viu que, para satisfazer sua necessidade, ela poderia se engajar noutro tipo de ocupação (como aquela) sem precisar colocar uma sócia no restaurante, uma vez que ela precisava de dinheiro e podia gerir seu negócio sozinha. Essa foi uma constatação frutífera, uma vez que Laura sempre se debatia com a ideia de ter uma sócia, mesmo sabendo que o rendimento seria pequeno para duas e que talvez a sociedade se tornasse mais um problema do que uma solução. Esse raciocínio orientou-a para uma resolução: ia deixar essa ideia de lado.

Outra resolução foi tomada nessa mesma época; não sei se ela conseguiu colocá-la em prática de maneira satisfatória – vou saber isso com o passar dos dias. No caso, a filha Ana teve um problema de saúde que, se confirmada a suspeita do médico, seria gravíssimo. O marido não lhe contou de imediato, pois decidiu aguardar os resultados dos exames. O resultado foi negativo, e só então ela soube da suspeita. Mesmo assim o choque foi tão grande que ela ficou transtornada. O marido, então, lhe disse que não estava entendendo seu comportamento de ficar tão abalada agora que tudo já havia passado. Na sessão, ela lembrou-se de um fato anterior diante do qual teve a mesma reação após passado o perigo. No caso, foi uma fratura grave que ela sofreu na perna. Laura ficou um longo período sem colocar o pé no chão, depois foi para as muletas; por fim, quando se livrou das muletas, foi comemorar com o marido num restaurante de que os dois gostavam muito. E ali ela foi tomada pelo pensamento sobre a gravidade do que tinha se passado e também ficou transtornada ao pensar que alguma coisa grave poderia acontecer de repente. A reação do marido foi a mesma de hoje: ele não entendeu a reação dela, transtornada, depois de tudo acabado. Mas voltando à suspeita da doença da filha, já superada, ela refletiu que se preocupa tanto com Ana e com que nada de grave lhe aconteça, procurando soluções, traçando caminhos para solucionar problemas que porventura ela venha a ter, tentando por todos os meios livrá-la de sofrimentos e, de repente, vem o fantasma de uma doença que ela não tinha como evitar. Então, ela viu que não precisa se submeter constantemente a esse desgaste, porque tem coisas que fogem totalmente a seu controle. Ficaremos aguardando as consequências dessa conscientização, se ela vai conseguir ser menos controladora e menos ansiosa em relação a Ana.

Capítulo 7

RADICALIZAÇÃO

• • •

CASO MARIANA

Vimos, no capítulo anterior, um exemplo mais detalhado do padrão repetitivo psicológico (PRP), que constitui a identidade psicológica do indivíduo. Vimos também que ele é constituído por formas de pensar, sentir e se comportar, formas essas associadas entre si, que se estruturam na infância como fruto da reação do potencial inato da criança ao meio ambiente e que se repetem mediante estímulos de mesmo significado. Agora daremos um passo a mais na compreensão da dinâmica da mente isolando a forma de pensar, porque me parece que é a ela que estão atrelados os sentimentos e os comportamentos que criam o padrão repetitivo.

Analisaremos a forma de pensar de dois ângulos: primeiro veremos os blocos repetitivos (como viemos fazendo até agora), em que um significado está associado a determinada reação emocional e comportamental, criando uma vivência repetitiva diante de um novo estímulo percebido como tendo o mesmo significado. Depois, veremos o fluxo do pensamento ou como os pensamentos se sucedem, e que dentro dessa dinâmica encontram-se os mesmos elementos dos blocos repetitivos.

Como demonstrativos dessa análise serão usados dois casos: o Caso Mariana, neste capítulo, e o Caso Neide, no Capítulo 8. Ambos começarão pela forma de pensar adulta de cada uma das pacientes, tanto do ponto de vista dos blocos repetitivos quanto do fluxo dos pensamentos, e veremos que essa forma de pensar adulta está enraizada na infância.

Ver que a maneira de pensar do adulto está enraizada nas vivências infantis é algo extremamente chocante, porque, afinal, é com a nossa maneira de pensar que enfrentamos o mundo, que trabalhamos, que fazemos nossas escolhas. Então, se nossa maneira de pensar está condicionada ao ambiente em que estávamos inseridos na infância (sem esquecer, naturalmente, nosso potencial genético, que se relaciona com esse meio ambiente), nossa maneira de pensar é muito limitada, no mínimo infantil, o que é estarrecedor. E quando pensamos que estamos fazendo escolhas usando nosso livre-arbítrio para decidir, na verdade estamos sendo direcionados pela nossa reação ao ambiente em que estivemos inseridos na infância. Vamos aos casos. Começaremos com Mariana e sua forma de pensar atual; então, passo a passo, traçaremos um paralelo entre essa maneira de pensar e suas vivências infantis na intenção de mostrar que essa correlação não é pura coincidência, mas uma relação de causa e efeito.

Mariana acha que as pessoas devem ter posturas firmes, ser decididas como ela: ou é ou não é, ou quer ou não quer, e na dúvida é não. Não tem a menor paciência com pessoas mais maleáveis, que acham que há hora para dizer certas coisas, que deixam certas decisões para depois. Tudo é para ser resolvido logo, *para ontem*, como ela costuma dizer. E para ser feito do jeito que ela quer. Esse "ser feito do jeito que ela quer" faz com que ela abomine perder, não ser bem-sucedida em determinadas situações. Mariana quer ser bem-sucedida. Pensa o sucesso como algo fundamental, o que faz com que ela evite situações em que possa não ter sucesso, porque isso seria perder, e reconhecer que perdeu é dar o braço a torcer, o que ela não admite. Isso faz com que, numa discussão qualquer, ela tenha que dar a última palavra, mesmo que, no íntimo, reconheça que não tem razão.

De outro lado, ela se acomoda ao "menos", o que parece ser uma contradição em relação a gostar do sucesso, e que não é. Isso acontece quando ela entra numa situação na qual convive com pessoas de que gosta. Ela se adapta ao ambiente, mesmo que ele não seja muito estimulante, por conta das pessoas com quem está convivendo, porque se sente segura com elas. É o caso do trabalho, onde entrou numa área para a qual não tinha inclinação, mas em que conhecia algumas pessoas de que gostava; precisava trabalhar porque era uma coisa natural em adulta, conseguiu o cargo que lhe foi oferecido (um cargo público) e adaptou-se a ele. Ela poderia ter tentado outra coisa – não havia pressa em arranjar um emprego, porque o pai poderia continuar a sustentá-la. Mas não o fez. Conformou-se com o menos. Como também não lida bem com mudanças, nunca lutou por outra coisa.

Mudança se associa também com o novo, com a surpresa, e ela não lida bem com surpresas, o que é outra característica de sua maneira de pensar: achar que surpresas não devem ser feitas. Ela evita surpresas. Na verdade, ela as teme. Quando alguma pessoa chega ao lado dela e lhe diz: *Tenho uma surpresa para lhe contar!* Mariana diz veementemente, com seu jeito espalhafatoso de falar alto e fazendo gestos com as mãos: *Não me conte! Não quero saber! Não quero ouvir! Não me interessa!* Para ela, a surpresa tem a conotação de algo que, de repente, lhe cai em cima, e ela não gosta disso. Se a surpresa for contada naturalmente, sem o preâmbulo: *Vou lhe contar uma surpresa!* ou *Vou lhe contar um segredo!* ela gosta de ouvir e reage com naturalidade. Caso contrário, se for precedida por esse "aviso", se estabelece nela a reação automática. O inesperado, a perspectiva de algo que lhe vai ser "arremessado de repente" é o que cria nela essa reação. Por isso, por temer as surpresas, ela teme também cartas e cartões que lhe chegam de repente. Inclusive cartões de Natal, que ela nem abre.

Outra característica de sua maneira de pensar é achar que precisa ter em casa, perto de si, tudo aquilo de que possa precisar. Assim, ela se cerca de coisas que compra não por ter uma necessidade imediata, mas para uma eventualidade. Isso a faz não só comprar objetos de uso pessoal (como os sapatos que comprou sem precisar), mas também colocar na mala de viagem tudo aquilo de que possa vir a necessitar, como fita adesiva, por exemplo. Cercando-se do que pode precisar, ela sente-se bem, segura.

E, por fim, como característica psicológica, sua imaginação fértil: quando conta uma história ou mesmo relata uma notícia de jornal, por pura diversão ela deixa-se levar-se pela fantasia e inventa uma narrativa tão fantasiosa que, às vezes, só tem de real o nome do personagem ou um ponto qualquer do texto. Isso é tão comum que as colegas, quando ela começa, já dizem: *Lá vem Mariana com suas histórias.*

Características do Eu de Mariana

7.1 Firmeza em suas resoluções e exigência de firmeza por parte dos outros;

7.2 Não aceitar pessoas maleáveis, considerando-as pessoas fracas;

7.3 Exigir velocidade nas ações;

7.4 Achar que tem que ter sucesso, evitando situações em que pode não alcançá-lo, porque não dá o braço a torcer;

7.5 Acomodação ao "menos";

7.6 Não aceitar bem mudanças, o que, de alguma forma, se relaciona à acomodação ao "menos";

7.7 Achar características temerosas nas surpresas;

7.8 Achar necessário cercar-se de objetos de que pode precisar, encontrando segurança nisso;

7.9 Imaginação fértil ao criar histórias a partir de um dado da realidade.

Passemos agora a sua infância e ao meio ambiente onde ela foi criada, e veremos que há razões para tal maneira de pensar. Seriam fatos ou coincidências?

7.1 Firmeza em suas resoluções e exigência de firmeza por parte dos outros

Mariana teve uma inserção especial na família: foi criada dentro de casa por uma senhora de toda confiança dos pais, que trabalhava para eles desde o início do casamento. Essa mulher era mais do que uma babá; morava na casa, e Mariana dormia em seu quarto. Não era um quarto de criança onde dormia a babá; era um quarto de babá onde dormia a criança. Os outros dois irmãos foram cuidados pela mãe. Essa situação era um pouco estranha para Mariana, que se lembra de chamar os pais de "senhor" e "senhora", como via a "babá" fazer (em vez de "papai" e "mamãe") e de pensar *Seria mais fácil se eu tivesse sido adotada*.

Dessas lembranças é viável inferir que, em criança, Mariana viveu uma insegurança, consequência de sua posição na família, que não era muito clara para ela; isso pode ter gerado uma necessidade de clareza, de definição e, consequentemente, um radicalismo, uma exigência de definição por parte dos outros. Ela, conscientemente, exige do outro o que, inconscientemente, em criança, exigia do meio ambiente: uma definição, um "é ou não é". E essa necessidade – talvez até uma obrigatoriedade de definição por parte dos outros – se estende até os dias de hoje.

É preciso também fazer um registro da genética. O pai era uma pessoa firme, e ela o admirava por isso. Mas ele era firme em outras situações, como na política, por exemplo, ou no trabalho que desenvolvia. Teria ela herdado a firmeza do pai e moldado sua maneira de pensar firme no meio ambiente? Essa é uma pergunta viável do ponto de vista biológico, porque o estudo da biogenética, hoje, sugere que o temperamento é inato: "A diferença genética pode realmente influir na diferença de personalidade" (Ridley, 2001, p. 193). Então, podemos sugerir que herdamos um temperamento, mas a forma que ele vai tomar dependerá do meio ambiente, o que também não entra em contradição com a genética de hoje, segundo a qual os genes podem ser "ligados" ou "desligados" de acordo com o meio ambiente. No caso, teríamos uma hipótese de que a firmeza de temperamento de Mariana, herdada do pai, ao encontrar um meio ambiente indefinido, faz com que ela goste de definições e as exija, porque sente falta disso. Talvez a estruturação do pensamento se situe entre a falta e a busca para preencher a falta. Daí a exigência do "é ou não é".

7.2 Não aceitar pessoas maleáveis, considerando-as fracas

A firmeza de Mariana faz com que não tenha paciência com a maleabilidade, com pessoas que adiam decisões, que acham que existe hora para serem ditas ou feitas determinadas coisas, para dúvidas nas decisões. E isso ela também encontrou no meio ambiente infantil. Sua mãe era assim, e ela se rebelava contra isso. Se havia algo que a mãe vinha ponderar, dizendo, por exemplo, para não dar determinada notícia ao pai na hora da refeição, era a primeira coisa que Mariana fazia ao se sentar à mesa. Para ela, se a coisa era para ser dita, não tinha por que demorar a fazê-lo, então ela o fazia de imediato. Com isso, entrava em atrito com a mãe, que acabava desistindo de lutar contra seu temperamento forte e ela ganhava a batalha. Ficava em Mariana a sensação de que a mãe era fraca, e tinha por ela um respeito menor do que ao pai. Ao mesmo tempo que ficava insatisfeita com isso, desejava um comportamento firme para se sentir mais segura, reafirmando aqui a necessidade do "é ou não é", ao mesmo tempo que aponta para as consequências dessa necessidade. Parece haver uma interligação entre os vários componentes da forma de pensar.

7.3 Exigir velocidade nas ações

De outro lado, a inserção especial de Mariana no seio da família teve outra característica. A mulher que a criava fazia tudo o que ela queria, e de imediato. Lembra-se de chegar à cozinha, já grandinha, puxar seu vestido e pedir colo, e ela largar o que estava cozinhando para atendê-la. Seria coincidência, ou a maneira de pensar adulta vai se estruturando na infância, e essa instantaneidade no atendimento de seus desejos infantis estaria na raiz de seus pensamentos adultos quando o que ela quer precisa ser atendido "ontem", tanto "ontem" em criança, como "ontem/hoje" em adulta?

7.4 Achar que tem que ter sucesso, evitando situações em que pode não alcançá-lo, porque não dá o braço a torcer

A forma de pensar de Mariana apresenta outra nuance: ela não aceita o insucesso. Com isso, ela deixa de entrar em determinadas situações se não tem certeza de que será bem-sucedida. Por exemplo, após um noivado desfeito, ela teve apenas relacionamentos superficiais, porque evitava maior envolvimento por temer outro insucesso. Priva-se, assim, de determinadas experiências. Essa característica de seu pensamento se associa à característica anterior, de querer algo exatamente do jeito que quer, e, como determinados caminhos podem levá-la ao insucesso, ela deixa de fazer coisas que gostaria. E então? Será que podemos encontrar algo relativo a sucesso/insucesso na infância? Sim. A relação com o pai.

Para o pai, Mariana era um sucesso. Desde menina. Tudo o que ela fazia era formidável para ele. E ela gostava desse sucesso. Até o dia em que entrou no colégio e experimentou o insucesso no contato com outras crianças. Era sucesso em relação a algumas crianças, e insucesso com relação a outras. E ela não gostou de perceber isso. Passou, então, a evitar situações de possibilidade de insucesso, como jogos, por exemplo, nos quais, por não poder prever a vitória, não jogava. E foi se privando de atividades em que poderia não ter êxito. Quando chegou à adolescência, não dançava. Não era muito jeitosa para danças, e não se deu ao direito de aprendê-las. Simplesmente dizia que não gostava (o que não era verdade) ou saía do salão. Não ia dar o braço a torcer e não ser um sucesso na dança. E, por fim, já adulta, evita se envolver com alguém profundamente, depois do noivado desfeito, situação em que conviveu com o sofrimento e o insucesso. As experiências infantis parecem nortear suas escolhas, não permitindo que ela entre em determinadas situações.

7.5 Acomodação ao "menos"

Mariana, sobre quem inicialmente levantamos a hipótese de uma reação de desagrado, talvez de insegurança em relação à ambiguidade vivida nos primeiros anos de vida na inserção familiar, adaptou-se ao "menos": à criação pela babá. Ali buscou sua segurança e, quando teve que se afastar dela, ficou muito insegura. Havia se acostumado ao "menos". Afinal, a babá lhe dava segurança afetiva e estava sempre ao alcance de sua mão para o que ela precisasse. Naquela época, os berços eram grandes, e ela dormiu no berço até mais ou menos sete anos, quando a mãe definiu que ela ia para uma cama no quarto da irmã.

7.6 Não aceitar bem mudanças, o que, de alguma forma, se relaciona à acomodação ao "menos"

A mudança para o quarto da irmã desestabilizou Mariana, deu-lhe uma grande insegurança; ela fez o maior escarcéu, não querendo ir – mas foi. E adaptou-se à nova situação. Fez questão de uma coisa: sua cama devia ficar encostada na parede – o que ela faz até hoje (curiosamente, tinha o berço encostado à cama da babá). O interessante é que a babá lhe contava histórias todas as noites antes de dormir, e o murmúrio de sua voz lhe servia de embalo. Até hoje ela não se incomoda com o barulho da rua onde mora. Pelo contrário; isso lhe serve de embalo e lhe dá a sensação de segurança, já que mora sozinha.

7.7 Achar características temerosas nas surpresas

E quanto às surpresas, esse temor de surpresas em relação a coisas tão inócuas, como cartões de Natal – a que devemos atribuir? Coincidentemente (será?), encontramos, também na infância, o ponto de partida para esse temor. A saída do quarto da babá foi uma surpresa, algo que lhe caiu em cima de repente e para o qual não estava preparada; a notícia a deixou insegura. A esse significado, "cair-lhe em cima de repente", de supetão, outros fatos se associaram. Mariana é de uma cidade do interior, e lá os telhados das casas não têm forro. Na infância, esse telhado proporcionou a ela vivências relativas ao medo e a algo caindo em cima dela. Os ladrões entram nas casas do interior destelhando o telhado. Ela, em criança, sabia dessas histórias; por isso, à noite, deitada para dormir, no silêncio das noites do interior, tinha medo de que, de repente, um ladrão caísse do telhado em cima dela. A ideia lhe dava muito medo. Era o elemento inesperado acontecendo, "pulando-lhe" em cima de repente. E não era só do ladrão que ela tinha medo: no interior era contada uma história fantasiosa e assustadora na qual, repentinamente, caía do alto uma perna, um braço – mais uma vez o elemento surpresa, que assusta, "cai" em cima, e que ela gostaria que não ocorresse consigo. Lembra-se da treliça que passava sob o telhado: ela ficava olhando e imaginando, temerosamente, uma perna passando por aquele buraco minúsculo. Aquele telhado também propiciava a entrada de grilos em casa, o que não acontece na cidade. Mariana tem medo de grilos saltando-lhe em cima; hoje e ontem. Mas ela é uma pessoa destemida. Por que isso, então? Na verdade, ela não tem medo do grilo – um bicho tão pequenino, que não faz mal a ninguém. O que a faz temer o grilo é o elemento surpresa, é o inesperado que salta, pula em cima dela de repente, que lhe faz medo e que ela evita. Como evita a surpresa (da colega) que, de repente, pode "saltar" em cima dela com o *tenho uma surpresa para lhe contar* e da qual ela não quer nem saber. O elemento surpresa propiciado pelo grilo é abstraído de seu contexto e vai ao momento presente, dentro da sala de trabalho, quando uma colega quer "saltar" em cima dela com uma surpresa, ou quando chegam cartões inesperados. Acho essa descoberta fantástica em matéria de possibilidades – possibilidades de libertação. O elemento surpresa, que ela não quer nem saber, pode lhe trazer coisas boas, divertidas, e ela se priva disso, por conta de vivências temerosas ligadas à surpresa quando em criança. Compreendendo onde se instituiu esta forma de pensar estamos lhe dando a ferramenta para mudar de pensamento e aos poucos alterar o seu comportamento em relação a surpresas.

7.8 Achar necessário cercar-se de objetos de que pode precisar, encontrando segurança nisso

Talvez, de alguma forma associada a surpresas, esteja esta outra característica de sua maneira de pensar, que é cercar-se de tudo aquilo de que pode precisar. Com isso, ela evita ser pega desprevenida, de surpresa, porque tem tudo à mão, para qualquer eventualidade. E como se estruturou essa maneira de pensar? Mais uma vez vamos pegar subsídios na infância, no quarto da babá, onde ela tinha, num canto (à mão), todos os seus brinquedos, mesmo que na brincadeira não houvesse necessidade da maioria – para qualquer eventualidade, para qualquer mudança no rumo da brincadeira, estava tudo ali. Naquele canto ela se sentia segura.

7.9 Imaginação fértil ao criar histórias a partir de um dado da realidade

Mariana lembra-se de ficar no quarto da babá, cercada por seus brinquedos e divertindo-se horas a fio; brincava com as bonecas – que tinham nomes de pessoas –, fantasiando histórias fantásticas com elas, histórias essas que não tinham nada a ver com a realidade.

Cabe sugerir aqui que os vários componentes da dinâmica da mente de Mariana estão, de uma forma ou de outra, relacionados entre si; eles criam uma teia associativa que se estabelece a partir de um ponto de partida do ambiente de repercussão emocional: a inserção especial (ela é diferente dos irmãos) vivida por ela no seio da família. Essa inserção, como já vimos, provavelmente gerou em Mariana uma sensação de insegurança e uma necessidade de seu oposto (segurança). Com base nesse direcionamento básico (desestabilização *versus* estabilização) estrutura-se o pensamento de Mariana, composto de vários elementos, os quais nos parecem associados entre si. Assim, a inserção especial ambígua gera nela uma necessidade de clareza de posições, uma busca de firmeza, que, por sua vez, a faz ligar-se ao pai, que é firme, e respeitá-lo; que a faz gostar do sucesso que tem junto a ele, o que, por sua vez, faz com que desenvolva o comportamento de evitar situações passíveis de insucesso, privando-se de determinadas oportunidades. O gosto pela firmeza faz com que ela não goste da maleabilidade, que considere fracas as pessoas maleáveis e as questione, discutindo com elas, contestando certas imposições, como fazia com a mãe. De outro lado, a imposição da babá e a insegurança causada por isso faz com que Mariana encontre segurança no imediatismo daquilo que deseja e que a babá lhe propicia; isso faz Mariana gostar dela, se acomodar ao "menos" e ter ao alcance da mão tudo aquilo de que precisa para sua segurança. Essa acomodação ao "menos", por sua vez, faz com que ela se desestabilize quando é repentinamente retirada do quarto da babá, o que vai se associar ao temor de surpresas e ao fato de ela não gostar de mudanças. A segurança ao alcance da mão se estende ao significado "ter tudo perto de si, para uma eventualidade", o que foi encontrado em todos os brinquedos num único canto do quarto. E, nas brincadeiras solitárias com todos esses brinquedos que estão ao alcance da mão, Mariana dá margem à fantasia, criando histórias mirabolantes, nas quais, às vezes, a única ligação com a realidade é o nome que ela dá às bonecas.

A ideia de que a dinâmica da mente (a maneira de pensar) consiste de uma teia associativa não parece deslocada; ao contrário, parece bem viável, já que o funcionamento cerebral apresenta uma teia interligada de componentes que levam mensagens de um canto a outro do cérebro. Então, o que se passaria no nível biológico teria seu correspondente mental, o que é lógico, visto que cérebro e mente estão interligados.

A teia associativa que foi desenvolvida a partir da primeira infância vai ser reforçada com a entrada no colégio e vai explodir de forma repetitiva no mundo adulto, como já vimos no início deste capítulo.

Mariana entrou no colégio porque estava na idade de estudar (assim como entrou no trabalho porque estava na época de começar a ganhar dinheiro). No colégio, ela se acomodou ao "menos" (como se acomodou ao "menos" com a babá e o emprego), porque era um colégio do interior e, naturalmente, mais fraco em matéria de estudos, mas ela jamais quis se mudar para outro (não gosta de mudanças), como a irmã (teria a permissão do pai para isso, haja vista ele poder pagar um colégio mais caro na capital). Quando chegou ao colégio, houve uma imposição: escrever com a mão direita; era canhota, então "ensacaram" sua mão esquerda para que Mariana não a utilizasse. Ela era a única nessa situação, então era diferente das colegas, assim como era diferente dos irmãos. Acatou essa imposição, pois não havia como não acatá-la (assim como não havia como não acatar os cuidados da babá). Mas ela tomou uma decisão: não ia acatar outras imposições feitas pelas freiras (como não acatava certas imposições da mãe). Lembra-se de uma proibição: as alunas não podiam ir a determinado setor do colégio, onde seriam recebidos alguns seminaristas. Ela se rebelou contra a ordem das freiras (como se rebelava contra a ordem da mãe, de não dar ao pai determinada notícia à mesa), convocou as amigas e foi aquela diversão, com meninas correndo, pulando janelas, escapando da aula para ir ver os seminaristas.

Insuflar e desarticular uma situação, se divertindo com isso, se passa também no mundo adulto. Certa vez, chegou à repartição em que Mariana trabalhava determinado grupo, que queria reivindicar certos direitos e que ia se reportar a determinada chefe de setor. Mariana sabia que a chefe não queria acatar as reivindicações, mas que também não ia negá-las de imediato. Ia recebê-los bem, oferecer um café, ouvi-los, enrolá-los e, de alguma forma, protelar o que vinham pedir. Então, por baixo do pano, ela os insuflou dizendo que eles tinham direitos, que não deviam abrir mão, que a chefe dela ia tratá-los bem, mas que no fundo não pretendia acatar o pleito. E se divertiu fazendo aquilo. Mariana achava as freiras fracas e enfrentava-as (como achava fraca a mãe e a enfrentava). Já a professora de matemática era respeitada, por ser firme; Mariana gostava dela (como gostava e respeitava o pai, por ser firme).

Novamente cabe a pergunta: coincidência, ou a forma de pensar se estrutura na infância, no meio ambiente onde a criança está inserida, se reforça ao longo da vida e explode na vida adulta? Se isso for fato – o que parece ser, por conta de todas essas evidências –, como funciona a mente para que isso ocorra?

Em primeiro lugar, teríamos que levar em conta a capacidade de abstração, memorização e de associação da mente. O que é vivido num contexto tem sua essência abstraída, memorizada e associada não ao contexto vivido, mas a seu significado abstrato. O temor de Mariana por sair abruptamente do quarto da babá não ficou associado à saída propriamente dita, mas à surpresa provocada por algo repentino. Essa abstração e associação são registradas na memória como uma aprendizagem, que, por sua vez, vai retornar diante de outro contexto de mesmo significado, acarretando a mesma reação emocional e comportamental. Só que o novo contexto não necessariamente tem o mesmo significado, mas é percebido como se o tivesse. E por que um contexto novo é percebido como tendo um significado antigo? A mim me parece que é porque a aprendizagem dá determinado viés (percepção subjetiva) ao que é vivido pós-aprendizagem. Ao decodificarmos o vivido hoje dentro de nossas experiências passadas, estamos nos condenando a nos prender a uma repetição, fazendo com que essa repetição assuma contornos totalmente deslocados, como, por exemplo, o temor de Mariana em relação a cartões de Natal. O temor relativo à saída repentina de um quarto e à perda de uma companhia que lhe dá segurança é perfeitamente lógico, mas torna-se completamente deslocado quando associado aos cartões. E isso se passa porque a mente abstrai o contexto e guarda o significado abstrato (surpresa diante da chegada repentina de algo), associado a determinada reação emocional e comportamental. E, por conta da percepção subjetiva (que usa o aprendido para decodificar o novo quando traz algum tipo de associação), voltam os velhos significados às novas situações.

Suspendamos um pouco nossa tentativa de compreensão da mente do ponto de vista da estruturação do psiquismo, registrando até agora as características de abstração, memorização, associação e percepção subjetiva e voltemos ao estudo de Mariana adulta, dessa vez relativo ao fluxo dos pensamentos.

Por *fluxo dos pensamentos* entendemos um pensamento se associando a outro dentro de uma cadeia que nos parece ter um ponto de partida e um ponto de chegada, também de forma abstrata, associados às primeiras vivências infantis. Usaremos dois exemplos: no primeiro, veremos o fluxo do pensamento em relação a algo que ela quer adquirir e a forma desenvolvida para chegar a seu objetivo; no segundo, o fluxo do pensamento relativo a algo abstrato: ser bem-sucedida, evitar surpresas, ter o controle da situação para que os fatos saiam exatamente da maneira que ela quer.

Mariana queria comprar uma mala, mas, na verdade, não necessitava de uma naquele momento. Ela tinha mala e não ia viajar – mas queria. Queria ter essa mala em casa para uma eventualidade. Telefonou para a irmã e disse que precisava comprar uma mala e que gostaria de fazer isso naquele mesmo dia. A irmã não estava podendo (ou querendo) sair, então disse que deixasse a compra para outro dia, porque, afinal, ela não estava precisando de uma mala. Mariana não aceitou o adiamento e inventou uma história para ter a mala imediatamente: estava com o dinheiro de uma cota feita no trabalho, entre os colegas, havia se comprometido com a compra e a entrega teria que ser no dia seguinte, impreterivelmente, portanto, ela teria que comprá-la imediatamente. Tanto floreou a história que convenceu a irmã a sair para comprarem a dita mala.

Temos aí um exemplo típico de Mariana em que vemos os mesmos elementos já abordados quando dos blocos repetitivos. Aqui, em vez de exemplos estanques, temos todos interligados, um pensamento puxando o outro do ponto de partida ao ponto de chegada. No caso, temos uma necessidade de comprar algo para uma eventualidade, para ter algo a seu alcance para o momento em que precisar e uma questão de se sentir segura tendo tudo aquilo de que pode precisar ao alcance da mão (ambas relacionadas à característica 7.8); a velocidade para ter o que quer (característica 7.3), não aceitando os argumentos da irmã mais maleável (característica 7.2), que quer adiar a compra porque não vê urgência na tarefa. Não aceita os argumentos da irmã, porque as coisas têm que ser feitas do jeito que ela quer (características 7.3 e 7.4); precisa ter a última palavra, não pode perder. E tanto floreia a história (característica 7.9), deixando como único dado real a mala, que acaba conseguindo o que quer. Vemos então, num simples exemplo da compra de mala, vários elementos característicos de sua maneira de pensar.

Passemos agora ao segundo exemplo do fluxo do pensamento, que também se instituiu desde a infância, em que Mariana visa conseguir o que quer através de outrem. Dessa vez, em criança, a "estratégia" foi botar a irmã para falar por ela, porque, muito tímida, não abria a boca para conseguir o que queria. Então, ela disse à irmã o que queria que esta dissesse, e era para a irmã dizer exatamente o que ela queria; ela imaginava também a resposta que seria dada e a contrarresposta da irmã, ficando na expectativa de como se desenvolveria toda a estratégia que ela articulou, se desgastando, remoendo tais pensamentos.

Em adulta, não tem problema para se expressar, mas fica remoendo o que vai dizer e a resposta que vai ouvir; sabe que isso é inútil, porque não pode prever a resposta do outro, mas não consegue fugir desse automatismo. *Ficar remoendo* – essa maneira de pensar é desgastante, mas ela faz tudo para ficar dentro de seu controle, para que tudo saia exatamente do jeito que ela quer, para não ser tomada por nenhuma surpresa. A forma de pensar é guiada, então, pela necessidade de controle. Quando, por alguma razão, aquilo que ela programou não é concretizado, Mariana é tomada pela irritação e aí não faz mais, não quer mais, não adia; prefere perder a dar o braço a torcer, a voltar atrás, no que havia planejado ou decidido.

Tudo isso tem como ponto de partida aquilo que Mariana quer e que precisa ser feito do jeito que ela quer (características 7.3 e 7.4), exigindo uma firmeza da parte da irmã (em criança) e dela própria (em adulta) (característica 7.1) no sentido de evitar mudanças, porque não gosta de mudanças (característica 7.6) ou surpresas, porque também não gosta de surpresas (característica 7.7), enfim, para ter o controle da situação e as coisas saírem exatamente do jeito que ela quer (características 7.3 e 7.4).

Em ambos os exemplos parece-me haver uma firmeza, uma definição clara do que Mariana quer e a busca para alcançar esse objetivo sem titubear. É interessante termos como ponto de partida para nosso raciocínio o fato de ela ter sido inserida na família de forma "titubeante", não tendo ficado claro para ela, em criança, sua posição dentro da família. Levantamos também a hipótese de que esse fato tenha feito brotar nela o desejo de uma clareza, de uma definição do "é ou não é". O restante foi fruto do processo associativo mental, como vimos com a teia associativa que forma a estrutura do pensamento de Mariana.

Capítulo 8

ANGÚSTIA

• • •

CASO NEIDE

O objetivo de Neide ao procurar psicoterapia foi se libertar da profunda angústia que a domina em relação ao comportamento do marido, que não se priva de se encontrar com os amigos, quer ela esteja a fim de um programa ou não, e até mesmo no caso de ela estar impossibilitada de fazê-lo, por estar doente, por exemplo. Ele simplesmente a deixa em casa e vai embora, como se não estivesse se incomodando com nada. Ela não entende esse comportamento. Para ela, isso está errado. Quando duas pessoas se amam, querem estar juntas, se divertir juntas. Como ele pode, então, sair para se divertir e deixá-la sozinha? Ainda mais se ela não estiver se sentindo bem! Na doença, um deve ficar ao lado do outro, deve se preocupar com o outro, cuidar do outro. Sair? Nem pensar! Então, ela não o entende.

Neide percebe esse comportamento do marido como descaso, como se ela não tivesse a menor importância para ele e fica completamente desesperada. E o desespero e a angústia crescem ainda mais quando ele diz que o casamento não está dando certo, o que cria nela uma expectativa angustiante. Tem horror a ficar nessa expectativa aguardando o momento em que ele irá embora. A ideia de ser abandonada, de ficar só, sem ele, gera uma angústia enorme. Ao mesmo tempo, ela quer uma decisão. Se ele realmente pensa em deixá-la, é melhor que o faça já, e não daqui a alguns anos; mas, quando tenta conversar, ele não é receptivo. Diz que ela mudou, que no início do relacionamento não era assim.

É possível fazer uma parada aqui e pinçar algo de sua maneira de pensar, sentir, comportar-se, e então começar a busca do padrão repetitivo psicológico. Nesse primeiro trecho de seu relato, referente à forma como percebe sua relação com o marido, posso isolar o sentimento de angústia com relação à percepção de ser deixada sozinha e às "ameaças" do marido, que lhe fala da possibilidade de separação. Com base nessa angústia, posso voltar para a infância, a fim de ver se estariam lá as raízes de tal sentimento.

Características do Eu de Neide

8.1 Angústia diante da ameaça de separação e de ser deixada sozinha

Passando à infância, encontro o ponto de partida desse primeiro elemento, componente do padrão.

Neide teve uma mãe dedicada, amorosa, que não a deixava só e por quem nutria uma forte afeição. Na verdade, a mãe era tudo para ela, e Neide lembra-se de, pequena, rezar pedindo a Deus que morresse junto com a mãe. Só parou de fazer essa oração depois do nascimento do primeiro filho, porque passou a ter um motivo para viver, ainda que a mãe morresse.

Ela estava sempre perto da mãe, porque esta trabalhava em casa, nas lidas domésticas, já que não tinha empregada. Quando precisava sair, levava a filha, a qual, por sua vez, não tinha o hábito de sair sozinha. Mesmo adolescente, quando já podia ir para a escola por conta própria, não o fazia, saindo sempre acompanhada da vizinha e amiga, que estudava no mesmo colégio. Lembra-se da primeira vez em que ficou na casa dela, enquanto a mãe saía às compras; devia ter uns dez ou onze anos, e ficou completamente desesperada, sentindo uma angústia de morte.

Neide era a filha caçula da família; vivia cercada de cinco irmãos, que eram todos muito ligados a ela e, ao menor sinal de tristeza ou de problema, acorriam para ajudá-la e apoiá-la. Isso era sinal de amor e, às vezes, ela se sentia exagerando um pouco os sentimentos de tristeza para receber mais dengo. É uma pessoa que gosta de ser acarinhada, alisada. Neide ainda se deita na cama ao lado da mãe, já idosa, só para que ela lhe alise os cabelos – curte esse "denguinho" extra. Até hoje a família é muito unida, e basta que um adoeça para todos se preocuparem.

Uma pessoa advinda desse ambiente onde todos se juntam em caso de doença, onde todos querem ajudar quando um tem problemas, onde um rosto entristecido recebe carinho e dengo entende esses sinais como ser querida, ser amada; não se sente como se fosse sozinha, porque sempre se preocuparam em não deixá-la só. O "estar acompanhada" é associado à segurança, e o "ficar só" é gerador de angústia, desde que o significado do presente seja igual ao do passado, apesar do contexto diferente. O que dizer, então, de um casamento em que o marido a deixa sozinha para se divertir com os amigos, sem o menor sinal de preocupação? E de um marido que não se dá conta de suas angústias, enquanto os irmãos, que gostavam dela, liam sua tristeza em seu rosto e vinham se informar do que a estava entristecendo, em criança e ainda hoje? Esse marido só poderia ser entendido como alguém indiferente, desinteressado, que pouco liga para ela. E é assim que ele é entendido. E essa percepção é angustiante. Portanto, o significado de *amor* está ligado a estar junto, estar próximo, acorrer ao menor sinal de tristeza, fazer dengo, alisar, prestar atenção ao outro, a suas expressões faciais – tudo isso por conta da relação com a mãe e os irmãos na infância, que faz com que o significado de "ser deixada sozinha" traga as conotações de *descaso* e *desamor*.

Quanto à angústia diante da ideia de ser largada por ele, num futuro próximo, é uma expectativa que também encontra suas raízes na infância, em que o pai ameaçava constantemente sair de casa quando chegasse o fim do ano – o que não acontecia, mas gerava nela uma expectativa angustiante, porque ela não sabia quem sustentaria a família, uma vez que a mãe se ocupava exclusivamente do trabalho doméstico.

Voltemos à narração de Neide de seu momento atual, a partir do ponto em que o marido diz que ela mudou e que não era assim no início do casamento, época em que ela sempre o acompanhava.

Sim, ela realmente não era daquele jeito. No início do relacionamento, para onde quer que ele a convocasse, ela estava sempre pronta. Era só chamá-la e ela corria ao encontro dele. Fosse para onde fosse, estava do seu lado. Mas também ele demonstrava valorizar demais a companhia dela, o que não se passa hoje, quando não demonstra o menor desagrado por deixá-la sozinha em casa. E, ao perceber isso, ela também tem outro sentimento em relação ao comportamento dele: raiva. Raiva, por ele fazer isso com ela. Como pode deixá-la sozinha quando ela precisa dele? Ficar em casa largada, sozinha, precisando dele e ele se divertindo com os amigos. Isso está errado. A raiva dá a ela a ideia de castigá-lo. Ele precisa de um castigo para não fazer mais isso com ela. Precisa de um corretivo, de um castigo exemplar. E o castigo vem sob a forma de não acompanhá-lo, mesmo podendo ir. Ela precisa lhe dar esse castigo. Mas o castigo é contraproducente: ele não parece se incomodar e sai sozinho, enquanto ela fica angustiada e desesperada. E o desespero e a angústia podem ser lidos em seu rosto, que fica transtornado, revelando a todos que ela não está bem. Mas ele também não parece se dar conta disso. E ela se sente totalmente confusa e insegura, achando que ele não sente mais amor por ela. Voltando à busca do padrão, podemos pinçar desse relato as ideias a seguir.

8.2 Raiva diante do fato de ser deixada sozinha e pensamento de dar um castigo para punir um comportamento errado

Os elementos psicológicos do momento atual encontram um paralelo na infância, em que a mãe, que era muito mal casada, reclamava com a filha sobre o comportamento do marido.

Neide se lembra de, em criança, a mãe contar que, quando estava grávida dos gêmeos, já com a gravidez adiantada, levou um tombo e ficou no chão, sem poder se levantar. Estava sozinha; o marido tinha saído de casa para jogar bola com os amigos. Ela pediu a outra filha (Neide ainda não tinha nascido), que, na época, tinha cinco anos, que fosse chamá-lo. A menina foi, mas ele a colocou sentadinha à espera dele e disse que quando acabasse o jogo ele ia para casa. E a mãe ficou sozinha, precisando dele, caída no chão, grávida, enquanto ele se divertia com os amigos. Foi um grande descaso do pai. Neide lembra-se de ela contar essa história várias vezes e de ter raiva do pai, achando que a mãe devia lhe dar um castigo por ele fazer esse tipo de coisa com ela. Esse tipo de sentimento perdura, e ela recorda que, quando o pai adoeceu e foi internado no hospital, ela, já adulta, disse à mãe que deveria deixá-lo sozinho, entregue aos cuidados dos filhos, por conta de tudo o que lhe tinha feito. E o sentimento dela nesse momento era de dar um castigo ao pai.

Esse trecho apresenta alguns pontos que precisam ser comentados. Em primeiro lugar, a mãe largada sozinha, precisando do marido enquanto ele se divertia com os amigos, o que foi captado como exemplo de casamento malsucedido, de desamor, de desinteresse. Seria coincidência, ou Neide, em sua angústia ao ser deixada sozinha pelo marido – que vai se divertir com os amigos –, estaria influenciada por essa vivência infantil, se desesperando com a ideia de o casamento estar caminhando para o insucesso, por conta das vivências infantis em relação ao insucesso do casamento dos pais? Acho que não é coincidência, e isso parece ser confirmado pelo mesmo sentimento (raiva) e pelo mesmo raciocínio (castigo) que aparecem tanto na infância quanto na vida adulta; tanto em relação ao pai (passado) quanto em relação ao marido (presente). Podemos concluir que, na infância, determinada percepção, acompanhada de sentimentos, raciocínios e comportamentos, parece deixar determinada marca; e uma percepção igual no momento presente (ser largada sozinha) traz automaticamente o mesmo sentimento (raiva), o mesmo raciocínio (necessidade de um castigo), o mesmo comportamento (não acompanhar o outro, que merece ser castigado). O mundo infantil parece nos aprisionar e nos fazer entrar num ciclo repetitivo de percepções e reações, porque a percepção está influenciada pelas vivências anteriores, o que faz com que um contexto novo seja percebido com o mesmo significado de um contexto passado, e determinada percepção esteja relacionada à determinada reação. Mas essa ideia de castigo não adveio apenas desse fato. Neide lembra-se de uma situação em que ouviu a empregada pedir demissão à mãe, porque não aguentava mais o patrão bater-lhe à porta do quarto para assediá-la sexualmente. Ao choque inicial seguiu-se a raiva do pai, por fazer isso com a mãe, que passou a não poder mais ter empregadas e a ter de fazer todo o trabalho doméstico sozinha, o que era extenuante. Diante desse fato, ela pensou que, se fosse ela, daria um castigo enorme ao pai, algo como pô-lo na rua, jogando todos os seus pertences fora e separando-se definitivamente dele. Ao comentar esse trecho, vemos que há novamente uma repetição. O contexto muda: ela não é mais a criança, e sim uma mulher adulta, mas a essência de seus pensamentos, comportamentos e sentimentos permanece. Diante da percepção de uma desfeita à mãe, vem a conotação de descaso, o sentimento de raiva e o impulso, a ideia de um castigo. Diante de uma desfeita do marido, o significado de descaso, raiva e o castigo.Dando continuidade a seu relato sobre o momento atual, Neide diz que tenta compreender o marido. Tenta ver o que se passa no íntimo dele. Aliás, essa é uma característica dela: se colocar no lugar do outro para ver o que faria se fosse ele e, assim, tirar alguma conclusão ou tomar alguma decisão. Mas esse tipo de exercício mental – colocar-se no lugar do outro para decidir o que vai fazer – é pior ainda. Ela, no lugar dele, não faria isso com o parceiro, se gostasse dele. Não o deixaria só. Ficaria com ele. Então, o comportamento do marido significaria desamor? Se fosse desamor, não seria melhor acabar logo com o casamento? E ficava remoendo esses pensamentos, afundando-se em angústias.

Como outra característica de seu padrão temos:

8.3 COLOCAR-SE NO LUGAR DO OUTRO PARA ENTENDER E DECIDIR O QUE FAZER

Continuando nosso paralelo com a infância de Neide, vamos encontrar esse mesmo tipo de exercício intelectual. Quando a mãe lhe contava histórias negativas sobre o pai, Neide sempre se colocava no lugar dela para ver o que faria.

Mas há outro problema em seu casamento: a relação com o enteado. O marido tem um filho adulto do primeiro casamento e, embora o enteado a trate muito bem, Neide não consegue se sentir à vontade com ele. Também não entende isso. No início do casamento não era assim. Ela foi rejeitada de forma bastante acintosa. Os três saíam para jantar e o rapaz dava-lhe apenas "boa noite" e mais nada, até o momento de saírem do restaurante. Hoje não; o enteado trata-a muito bem, de forma afetuosa, e ela gosta muito dele. Mas não sabe o que acontece quando ele está presente; não se sente à vontade. É tensa, contida, perde seu lado leve, brincalhão, fica com medo de fazer alguma coisa errada e o enteado voltar ao comportamento antigo, como lhe alertou o marido. Refletindo sobre a relação, Neide comenta que, às vezes, o enteado tem um jeito de falar duro, seco, e é como se estivesse lhe dando um carão. Um carão – é exatamente isso o que ela sente na presença dele: medo de levar um carão. Isso a faz ficar contida, tensa, com medo de fazer algo errado. Ela não pode errar em seu comportamento.

Pinçando a essência desse tópico, temos:

8.4 Não poder errar e ficar tensa, sem brincar, diante da possibilidade de levar um carão

Neide sempre foi ligada ao "certo" e ao "errado", e é até hoje (note-se o comportamento contido em relação ao enteado, para não cometer erros e fazê-lo retroceder seu comportamento afetuoso em relação a ela). Lembra-se de que sua mãe dava exemplos de comportamentos "certos" e "errados", e ela, querendo agradar à mãe, tentava ter sempre o comportamento "certo". Era tão bem comportada que, no colégio, era exemplo para as outras alunas. Ela se sentia na obrigação de ter um comportamento exemplar. Nas notas, Neide era mediana, mas no comportamento era a nota máxima. Não que ela não fosse uma menina leve que gostasse de brincar – ela era assim no recreio –, mas quando tocava o sinal, encerrando o recreio e anunciando o reinício das aulas, ela corria imediatamente para a fila e não conversava nem brincava mais, com medo do carão. E é exatamente o que se passa com a chegada do enteado. Ele é o toque da sineta que indica o término das brincadeiras, e Neide corresponde a esse toque com contenção e atenção a seu comportamento, para não correr o risco de errar e de levar carão do enteado, assim como não conversava na fila para não levar carão da professora.

Seguindo o mesmo caminho da análise de Mariana, no capítulo anterior, podemos ver aqui a teia associativa. A mim parece que os pontos de partida da teia associativa foram dois aspectos do meio ambiente infantil: a segurança (consequência do afeto no acompanhamento) e a obrigação de ter um comportamento certo e exemplar.

Vejamos a teia associativa na infância de Neide: ela se sente segura porque tem a mãe sempre a seu lado, o que faz com que ela tenha necessidade de companhia para se sentir segura. De outro lado, a mãe ensina a ela, através de histórias, o que é certo e o que é errado; como Neide é muito afeiçoada à mãe, ela busca fazer sempre o que é certo para agradá-la. Agir assim faz com que ela seja exemplo de bom comportamento, com que se sinta na obrigação de sempre se comportar dessa maneira. Ter um comportamento exemplar faz com que ela tenha um comportamento contido quando não é mais "hora do recreio", para não levar carão e, com isso, deixar de ser uma menina exemplar. O comportamento exemplar, de outro lado, se associa a castigar um comportamento errado, isto é, se fez algo errado, precisa ser castigado. Dentro dessa linha de pensamentos ela se perde em angústias, remoendo sempre o mesmo tipo de raciocínio e entrando em situações repetitivas ao notar, com sua percepção subjetiva, o mesmo significado no ambiente atual.

O que me parece é que, no momento atual, o comportamento do marido – deixá-la sozinha – ativa uma série de pensamentos, que, por sua vez, deflagram sentimentos e comportamentos interligados, formando uma teia associativa igual, na essência, a uma teia associativa estruturada na infância, o que faz com que ela ingresse numa trajetória repetitiva.

No capítulo a seguir veremos um exemplo de teia associativa inconsciente subjacente a um sintoma psicossomático.

Capítulo 9

A TEIA ASSOCIATIVA

ADENDO AO CASO INAH

Dois anos após o término da terapia (em que se tratou da síndrome de pânico), Inah retorna, por conta de outro sintoma, o qual não sabe a que atribuir. Ela o considera diferente do pânico, porque não está relacionado ao medo de algo grave acontecer ou estar acontecendo, mas também não sabe a que relacioná-lo. Está vivendo um momento bom: casou-se recentemente com o mesmo marido de vinte anos atrás e tudo vai bem. Ele está mais velho, mais amadurecido e ela está confiante na relação.

Pergunto-lhe quando e onde aconteceu o sintoma e ela me diz que aconteceu recentemente, coisa de dias atrás. Da primeira vez, ela tinha acabado de chegar ao trabalho. Era cedo, e as pessoas que estavam na sala (incluindo ela) organizavam o material para começar a trabalhar. Inah sentiu uma secura na boca e as mãos dormentes, o que se acentuou depois que ela teve com a diretora uma conversa cujo assunto não lembra mais. Avisou que estava passando mal e que ia para casa. Da segunda vez, Inah estava lavando roupa – uma coisa que gosta de fazer –, quando sentiu um pouco de falta de ar e tremor nas pernas.

Comecei a terapia examinando o entorno – o que estava acontecendo no trabalho e no casamento – para ver se poderia encontrar no presente e, posteriormente, no passado algo que pudesse deflagrar o mal-estar, considerando que ela estivesse com um problema psicossomático. E o encontrei. No caso, chegamos à distonia, sintoma psicossomático que aconteceu na adolescência, diante de determinada situação com determinados significados; esses mesmos significados estavam se repetindo hoje, dispersos no trabalho e no casamento. Logo nos primeiros momentos da terapia observei que já havia uma pista que apontava para uma repetição: em ambas as situações, trabalho e casamento, mais uma etapa estava começando. Em ambas, as pessoas estavam se preparando para que a etapa fluísse normalmente. No trabalho, a organização do material para mais um dia fluir rotineiramente; no casamento, uma conversa que ela e o marido tiveram na véspera, sobre o que os tinha levado à separação anos atrás, para que, depois de tudo esclarecido, o casamento também fluísse sem maiores problemas. Imaginei, pelas pistas iniciais, que talvez houvesse um paralelismo entre o casamento e o trabalho, e comecei a buscar mais elementos da igualdade das essências em contextos diferentes, levantando simultaneamente trabalho e casamento, ao mesmo tempo que também me lembrava de alguns detalhes da primeira terapia, que pareciam se encaixar no momento atual e que foram sendo confirmados por ela.

Mas vamos devagar com o relato, começando com o paralelismo trabalho/casamento. No trabalho, Inah vem se estressando com determinada funcionária com quem trabalha e que lhe é subordinada: a moça entrou no emprego não por mérito, mas por apadrinhamento político. Inah teve toda a paciência do mundo ao lhe ensinar o que deveria fazer, organizou todo o trabalho, era só uma questão de a moça seguir a orientação dada por ela. Mas a moça não fazia as coisas certas, parecia não estar interessada em trabalhar – talvez por ter cobertura política. Inah não aceitava aquilo, deixando claro para a funcionária que, com ela, não poderia trabalhar daquele jeito. O fato de ela estar ali sem querer trabalhar porque tinha a proteção de um "padrinho" deixava-a muito estressada, e ela já chegava ao trabalho reclamando.

Passando para o casamento: na véspera, ela tinha tido uma conversa com o marido sobre os problemas enfrentados no relacionamento anterior, que contribuíram para a separação. Conversaram sobre o relacionamento dela com uma das filhas do primeiro casamento do marido, que, à época, era adolescente e que fora, junto com os irmãos, morar com o pai e a nova madrasta.

Inah, jovem – na faixa dos vinte anos – e sem experiência de relacionamento com adolescentes, tenta organizar a casa do melhor jeito possível. Passa para as enteadas o que caberia a elas fazer: teriam uma empregada para cuidar da comida e da lavagem da roupa, mas caberia às moças guardar suas roupas, as quais seriam postas na cama de cada uma, já devidamente lavadas e passadas. Uma das enteadas não fazia o que havia sido determinado; deitava-se por cima da roupa e, depois, mandava a empregada passá-las novamente. Inah se estressou com o fato de a moça não seguir o que ela tinha organizado (provavelmente por ter um "padrinho", o pai, que a apoiaria). Começou, então, o estresse com uma das enteadas, que, como podemos ver, segue a mesma linha do estresse com a funcionária. Em ambas as situações há uma organização feita por Inah, que deve ser seguida para que o trabalho ou a rotina doméstica funcione bem, e que não é seguida, apesar de tudo muito bem explicado, porque a pessoa em questão (funcionária/enteada) deliberadamente não quer obedecer, porque tem quem a proteja (político/pai).

É interessante que o mesmo se passou em relação ao irmão, quando Inah era adolescente. No caso, o pai havia morrido e a mãe tinha que trabalhar o dia todo para sustentar os filhos, duas adolescentes e um rapaz. Inah combina com a irmã o que deveriam fazer para organizar o serviço doméstico nessa nova etapa, já que a mãe não poderia fazê-lo, para que o funcionamento da casa fluísse bem e elas tivessem tempo para se dedicar aos estudos. Mas o irmão recusa-se a fazer o estipulado e organizado por elas, sendo "apadrinhado" pela mãe, que o considera o "homem da casa" com direito a certas regalias, o que a deixa profundamente estressada. Como podemos ver, há, nas três situações, um mesmo significado (uma pessoa que não quer seguir o estipulado por ela, porque tem um "padrinho"/"madrinha" que a protege), seguido de um mesmo atrito, do mesmo estresse e da mesma irritação.

Parece-me, então, que talvez o "início do trabalho", aparentemente inócuo e com determinado significado (lugar onde ela estava vivendo determinada experiência estressante), tenha sido o responsável pelo sintoma psicossomático, porque seu significado, inconsciente de Inah naquele momento, se associou a outros significados, também fora da consciência, mas iguais aos anteriores e que mexiam emocionalmente com ela, deixando-a estressada, tanto no casamento como na relação com o irmão quando adolescente.

Mas não é só nisso que fica a igualdade dos fatos: há, no momento presente, uma neta do marido (filha da enteada com quem ela tinha atrito na relação anterior), que hoje mora com eles. E com essa neta já surgiram as primeiras nuvens no relacionamento. O avô faz tudo o que a neta quer; ela fica estourando a mesada, sempre pedindo-lhe dinheiro, comportamento de que Inah discorda totalmente. Ela já falou com o marido sobre esse assunto, dando como exemplo o que aconteceu com ela na sua relação com o próprio filho: precisando pagar uma dívida dele, ela descontou tudo da mesada do rapaz. Acha que é assim que o marido deve se comportar com a neta, porque não está certo ela ficar gastando em bobagem um dinheiro que deveria ser economizado para uma despesa necessária. Novamente, o paralelo com o irmão na adolescência, o qual, para irritação dela, vivia pedindo dinheiro à mãe, que lhe satisfazia as vontades dando-lhe um dinheiro que poderia ser economizado para uma despesa que se fizesse necessária para a família. É interessante observar que a funcionária com quem se atrita no trabalho também lida com dinheiro de forma irresponsável.

Embora todos esses exemplos estejam ligados ao estresse e formem uma rede associativa, não são exatamente os responsáveis pelo sintoma psicossomático.

Continuamos a busca, tentando localizar algum sintoma no passado. Inah se lembra de quando soube que tinha distonia. Ela era jovem e tinha começado a trabalhar recentemente; estava para acontecer uma reunião com a equipe de trabalho, na qual iam resolver a demissão ou a permanência de um funcionário cujo trabalho era insatisfatório. Ela estava tensa, porque é sempre desagradável ter que tomar esse tipo de decisão, já que o outro precisa do emprego. O diretor, por alguma razão, pegou na mão dela e comentou que estava suada e fria. Ela disse que, às vezes, ficava assim. Ele, então, comentou que isso era distonia, coisa de que ela nunca tinha ouvido falar. Embora relacione a distonia a essa reunião, já era algo que se passava com ela antes, mas ela não lembra a que fatos estava associada. É importante registrar que, neste momento, ela também está resolvendo se tira ou não uma funcionária do cargo, já que ela é incompetente, e essa decisão mexe com ela, assim como aquela reunião do passado mexeu, provocando-lhe distonia.

Naquela época, Inah sabia bem da necessidade de ter um emprego, porque precisava muito de dinheiro, o que fazia com que ela sentisse ansiedade por ter de demitir uma funcionária que precisava de emprego e de dinheiro. É interessante comentar também que, em relação à neta do marido que mora com eles, Inah também tinha a intenção de tirá-la da casa, pois a jovem tinha pai e mãe e a necessidade de ficar na casa do avô cessaria por conta da proximidade da escola, já que ia acabar o curso que frequentava. Novamente um momento de tirar alguém do posto que ocupa, decisão difícil de tomar (porque é a neta do marido), assim como difícil de tomar a decisão de tirar a funcionária no passado e está sendo difícil afastar a funcionária de agora. Mas ela se sente em seu direito em ambas as situações do presente: o direito de ter uma funcionária competente e o direito de não criar uma adolescente, que tem pai e mãe para isso; além disso, não tem mais paciência para lidar com os problemas decorrentes dessa idade, como não tem mais paciência para lidar com os problemas decorrentes da incompetência de uma funcionária, nem tivera, no passado, paciência para lidar com os problemas de um irmão que se arvorava de "chefe da família", quando não trabalhava, enquanto ela trabalhava, tinha seu dinheiro e era independente.

Da segunda vez que apareceu o sintoma psicossomático, ela estava lavando roupa. É interessante registrar que, na época do primeiro casamento, o problema com a enteada dizia respeito à lavagem de roupa, mais especificamente a guardar a roupa lavada. Ao lavar a roupa, ela pode ter associado inconscientemente o ato ao problema com a enteada (sobre a roupa lavada) e, a partir daí, associado o problema (também de forma inconsciente) à neta do marido, que é a filha da enteada com quem tinha atrito, e que, provavelmente, está descompensando-a emocionalmente, porque vai forçá-la a tomar uma decisão difícil: falar com o marido sobre a necessidade de a neta ser devolvida aos pais. Chegamos, então, à razão do sintoma psicossomático, a qual, em essência, tem o mesmo significado da situação do passado – e também do presente – de tirar alguém de determinado posto, situação difícil para ela, geradora de ansiedade e associada a um sintoma psicossomático.

Mas Inah já passou por outras situações de ter que tirar uma funcionária do cargo, e nem por isso teve distonia, embora essa situação seja sempre desagradável para ela, pelo fato de achar que a outra precisa de emprego. Entretanto, dessa vez, são vários fatores entrelaçados repetitivos que provocam o sintoma. É uma teia de fatores, e não apenas um. O interessante é que, aqui, podemos fazer um paralelo com a genética, em que também não é um único gene que provoca determinada doença no indivíduo, podendo dois, três (ou até mais) contribuirem para determinada doença (Pereira, 2005, p. 67).

9.1 A TEIA ASSOCIATIVA

Para ficar mais clara a maneira como funciona uma teia de fatores que contribuem para o aparecimento do sintoma psicossomático, vamos focá-la pressupondo que há uma associação entre seus vários componentes.

O sintoma surge no local de trabalho, num momento em que a equipe ainda está se arrumando para que as atividades possam fluir normalmente, o que se associa, inconscientemente, ao casamento de Inah, em que ela e o marido também estão "se arrumando" (conversando sobre os problemas que os levaram à separação) para que o casamento possa fluir normalmente; isso se associa à época da morte do pai, quando ela e a irmã estavam se "arrumando" (se organizando) para que a nova etapa de vida pudesse fluir normalmente.

Mas o trabalho tem um significado para Inah: não está fluindo normalmente, porque uma funcionária que entrou na equipe não segue a organização dada por ela, porque é "apadrinhada" por um político, o que a deixa profundamente estressada. Isso se associa ao casamento quando da conversa com o marido, a quem ela relatou que, no passado, a enteada não seguia a organização dada por ela, porque se sentia "apadrinhada" pelo pai, o que a deixava profundamente estressada. Isso se associa ao irmão, que, no passado, não queria seguir o organizado por ela e pela irmã, porque se sentia "apadrinhado" pela mãe, o que a deixava profundamente estressada. O setor dessa funcionária tem a ver com dinheiro, porque ela é a responsável pela bilhetagem eletrônica, o que estressa Inah mais ainda. O estresse com a funcionária em relação ao dinheiro se associa à neta do marido, que também não é responsável com sua mesada e que fica pedindo mais dinheiro ao avô; isso se associa também à irresponsabilidade do irmão, que não trabalhava e vivia pedindo dinheiro à mãe.

Quanto à funcionária, pensa em tirá-la do lugar que ocupa, ou melhor, transferi-la para outro lugar, já que é funcionária pública, assim como pensa em tirar a neta do lugar que ocupa, transferindo-a novamente para a casa do pai ou da mãe, assim como tirou o irmão do lugar que ele queria ocupar (o de substituto do pai), "transferindo-o" de volta para seu lugar (o de irmão). Já não tem mais paciência para aturar situações estressantes com funcionário público apadrinhado por político, assim como não tem mais paciência para aturar situações estressantes com adolescente apadrinhada pelo avô, assim como não tinha tido paciência para aturar o irmão apadrinhado pela mãe, uma vez que trabalhava e era independente financeiramente. Isso se associa à relação com a funcionária, cuja incompetência também não precisa aturar, porque ela, Inah, é aposentada e pode até procurar outra atividade; isso se associa à neta do marido, cuja adolescência não precisa aturar, o que pode ser feito pelos pais, que estão vivos. Por fim, o trabalho é deflagrador do sintoma psicossomático porque, de repente, o significado do ambiente do trabalho é o mesmo do casamento e o mesmo da juventude, quando, pela primeira vez, teve um sintoma psicossomático. Parece-me, então, que um sintoma psicossomático foi transferido do passado para o presente porque, inconscientemente, na situação atual, estavam os mesmos significados do passado. A teia de significados do presente no trabalho se associa à teia de significados do presente no casamento, que, por sua vez, se associa à teia de significados do passado, onde estava o sintoma de distonia – tudo isso de uma forma inconsciente e extremamente veloz, em que a paciente só toma consciência do sintoma psicossomático.

No estudo da teia associativa, salta aos olhos o dinamismo da mente, o qual parece ser comandado pelo processo associativo. Portanto, se quisermos entender seu mecanismo, a forma como a mente funciona, como é a sua dinâmica, talvez o caminho seja o estudo das associações. Sintetizarei aqui, através de dois comentários, o que vimos sobre o processo associativo ao longo deste estudo.

9.2 Eixos do processo associativo

9.2.1 Eixo vertical

Quando a associação se passa entre padrões iguais na essência, diferentes no contexto e situados em tempos diversos, como é o caso da repetição do mesmo padrão ao longo do tempo: infância, juventude e maturidade. Aqui cabe a ideia de transferência quando determinado significado acorda um padrão do passado, que vem como reação ao estímulo do presente, o qual parece ter o mesmo significado do passado. Não tem nada a ver com repressões ou resistências e sim com o traslado de reações de um tempo para outro mediante um estímulo de mesmo significado.

9.2.2 Eixo horizontal

Quando a associação se passa entre componentes psicológicos diferentes dentro de determinado padrão, como percepção, sentimentos, emoções, pensamentos, impulsos, comportamentos, e há entre eles uma relação de causa e efeito. Os componentes do padrão estão interligados porque um causa o outro. De minha parte, considero interessante e útil a ideia de permanência ocorrendo no eixo horizontal e referente a uma teia psicológica repetitiva com componentes interligados, porque permite uma correlação um a um entre os elementos das teias iguais em essência, o que faz com que possa ser utilizado o raciocínio lógico, matemático, na busca de elementos desconhecidos quando são conhecidos os demais elementos de uma das teias. O sintoma estaria associado impreterivelmente a determinada teia de significados e, com isso, estaria mais ligado ao conceito de *condicionamento*. Mais uma vez, não tem nada a ver com repressões e resistências.

9.3 Regras da teia associativa inconsciente

A teia associativa inconsciente que provoca o sintoma psicológico não possui regras próprias; segue as mesmas regras da teia associativa consciente, na qual um componente puxa outro que, de alguma forma, se lhe associe. A associação é que pode ser consciente ou não. Para demonstrar isso, usarei três exemplos de teia associativa: *consciente*, *parcialmente consciente* e *inconsciente*.

9.4 Características do processo associativo

9.4.1 Associações conscientes

Este exemplo não foi tirado de um caso de terapia, mas de um fato do qual tive conhecimento e que é exemplar para associações repetitivas conscientes que provocam repetições do sofrimento psicológico.

Marta tem um filho adolescente (Paulo). Ele lhe pede o carro emprestado porque quer sair mais cedo da escola para levar ao aeroporto um amigo que vai passar um ano fora do país. Marta concorda. Paulo sai mais cedo da escola, por conta do horário do voo e, quando está abrindo a porta do carro, é sequestrado por dois bandidos egressos de uma penitenciária. Eles assumem a direção do carro, mas levam o garoto junto. Eles saem da cidade e pegam uma autoestrada. Os bandidos notam que há uma placa do carro no assento de trás e têm que parar para colocá-la, por conta da passagem pela polícia rodoviária. Nesse momento, Paulo pede que o deixem ali, já que a única coisa que lhes interessa é o carro; os bandidos concordam, deixando-o na estrada.

Quando Marta e o marido sabem da história, tudo o que sabem sobre sequestros vem à tona e eles ficam angustiados, pensando no que poderia ter acontecido se os bandidos não o tivessem liberado. O interessante é que toda vez que eles passam no ponto onde o filho foi deixado, ambos ficam angustiados, mas sabem perfeitamente o porquê da angústia. Aquele lugar lembra a eles tudo o que aconteceu naquele dia e o que poderia ter acontecido de terrível ao filho, e à lembrança segue-se a angústia. A angústia que os tomou no momento em que souberam do sequestro do filho volta ao encontrarem um estímulo no meio ambiente (a passagem pelo local), que se associa ao dia do sequestro. Tudo é plenamente consciente. Com o tempo, eles vão esquecendo e, depois, passam a transitar pelo mesmo local sem angústia alguma.

9.4.2 Associações parcialmente conscientes

Neste exemplo, podemos repetir o caso de Neide (Capítulo 8), em que ela sofre de angústia e sabe perfeitamente o que a deflagra: a relação com o marido, que a deixa sozinha para se divertir com os amigos, o que repercute nela como uma possibilidade de separação no futuro, já que ele diz que o casamento não está dando certo. Ela é consciente de que ser deixada sozinha a angustia, mas não é consciente de sua infância, em que estão as raízes desse sentimento: a angústia sentida em criança, quando foi deixada sozinha na casa de uma amiga, em oposição à segurança que sentia por estar sempre acompanhada da mãe; o pai, que deixava a mãe grávida sozinha para se divertir com os amigos, e a expectativa angustiante em que ele a deixava por estar sempre "ameaçando" a mãe com uma separação quando chegasse o fim do ano. Nesse caso, ela é consciente daquilo que lhe causa a angústia atual (ser deixada sozinha e a possibilidade de uma separação no futuro), mas é inconsciente de que tinha essa mesma angústia em criança, e de que, desde essa época, a angústia ficou associada a esses significados.

9.4.3 Associações inconscientes

Inah tem um sintoma psicossomático em determinado lugar, mas não consegue relacioná-lo a nada. Então, o que causou o sintoma lhe é inconsciente. Aparentemente tudo está bem. Mas, quando vamos analisar o que está acontecendo nas duas situações do momento atual (trabalho e casamento), vemos surgir um paralelismo nas duas situações e, mais ainda, vemos que esse paralelismo se estende à época em que ela era uma jovem adulta, onde também se encontra a lembrança do primeiro sintoma psicossomático, a distonia.

Isso tudo parece indicar que, entendendo a maneira como se estabelece o processo associativo, podemos fazer tranquilamente o caminho de volta, do presente para o passado, e chegar às raízes da problemática psicológica estruturada no passado, que é a mesma do presente. Esses três casos mostram graus diversos de conscientização da associação, mas todos evidenciam uma teia associativa que pode estar presente ou não na consciência e que é responsável pela deflagração do sintoma psíquico ou psicossomático. Cabe aqui uma primeira hipótese sobre essa dinâmica: a criança reage aos significados do ambiente de determinada forma psicológica ou psicossomática, e essa forma fica associada aos significados; quando volta o mesmo significado, volta a mesma resposta psicológica/psicossomática. Esse significado, por sua vez, pode ser formado por vários elementos associados numa relação de causa e efeito – no caso, a teia associativa.

Capítulo 10

Conclusão

• • •

Comecei este livro apresentando uma discordância da psicanálise em relação à repetição: estava de acordo com sua existência, mas discordava da explicação teórica e da técnica de abordagem. De início, deduzi que a repetição não era exatamente fruto de repressões e resistências, e sim de uma igualdade do meio ambiente. Depois, observei que a repetição era múltipla, que eram vários os elementos repetitivos. Esses vários elementos eram interligados e, dependendo do estímulo do ambiente, funcionavam como uma reação em cadeia automática, que tinha seu ponto de partida na infância e me parecia ser de origem genética e ambiental, uma vez que se constituía numa reação do potencial inato da criança ao meio ambiente.

Passei a perceber esses vários elementos repetitivos como um padrão de componentes interligados, com características individuais, e a observá-lo como único, específico a cada pessoa e repetitivo em vários momentos de vida, apesar dos contextos variados. Observei que faziam parte do padrão determinadas reações emocionais e que algumas dessas emoções se diluíam conforme íamos estudando os padrões, suas repetições, seus pontos de partida e, principalmente, o significado que detonava a repetição. Vi também que esse padrão formava uma teia interligada e que, embora os padrões repetitivos numa única pessoa mantivessem uma relação um a um entre seus elementos, a relação entre componentes do padrão e respectivo sintoma ou emoção poderia não ser de um a um, mas sim de vários para um: uma teia de significados podia causar o sintoma. O meio ambiente tinha um papel importante: modelava a reação inata inicial e contribuía para a deflagração ou não do sintoma.

O estudo clínico aprofundado da repetição levou-me a concluir pela existência do PRP, elementos repetitivos interligados numa relação de causa e efeito que, juntos, formam um padrão repetitivo psicológico, o qual é desencadeado mediante a percepção ou a interpretação de determinado significado no meio ambiente. Esse padrão repetitivo psicológico é uma teia interligada. Essa teia associativa (PRP) é individual, única, repetitiva e dá a identidade psicológica do indivíduo, que é individual, única e repetitiva, podendo ser vista ao longo de sua vida dando-lhe um fio condutor, apesar da mudança dos contextos. A identidade psicológica do indivíduo, dada por esse conjunto de elementos repetitivos, é passível de ser relacionada ao DNA, no sentido de ambos propiciarem identidades: o DNA, a identidade biológica, e o PRP, a identidade psicológica. Ambos também podem ser vistos como um comando definidor do que virá a ser o indivíduo, já trazendo em seu bojo não só sua identidade, como também as doenças que porventura ele possa desenvolver. Vimos ainda que o meio ambiente pode modificar o determinismo e que essa quebra do determinismo também pode ser vista na genética, em que o meio ambiente pode ligar ou desligar genes, não permitindo que o comando inicial se concretize totalmente.

O paralelo com a genética é muito útil: mostra a possibilidade de um estudo objetivo e científico da psique humana, sugerindo que a psicanálise pode ser científica e objetiva como a genética; além disso, abre um caminho de estudos para a psicanálise, aproveitando caminhos já trilhados, como, por exemplo, a determinação dos componentes do PRP, o que já foi feito em genética, em que sequenciaram o genoma. E, em relação às "doenças" psicológicas e seu tratamento, podemos aprofundar o estudo do PRP, que parece ser a raiz de todos os transtornos psicológicos, para melhor entendê-los e, consequentemente, tratá-los – o que a genética também está fazendo hoje em relação ao estudo do genoma. O paralelismo com a genética abre um campo de pesquisa muito grande.

Outro ponto bastante importante em relação a esse estudo foi o entendimento da percepção como subjetiva e, consequentemente, propiciadora da repetição. A percepção, aparentemente causada pelo meio ambiente – o qual traz o mesmo significado do ambiente do passado – não se deve exatamente ao meio ambiente atual, e sim à forma como ele foi interpretado. Parece-me impossível que todo indivíduo passe impreterivelmente por ambientes repetitivos da infância, então, a solução encontrada é que a repetição deve estar no próprio indivíduo, em sua interpretação dos contextos. Vimos que os contextos novos estavam totalmente eivados de subjetividade; daí a prisão no passado, o determinismo, e daí podermos afirmar que a trajetória do indivíduo está determinada pelo PRP. A percepção subjetiva é a maneira de captar o significado do meio ambiente com os olhos do vivido e concluído. Pode-se entender isso como aprendizagem. E, como toda aprendizagem é passível de ser alterada por outra mais adequada aos fatos, o estudo das raízes do paciente como estruturante de determinada aprendizagem pode levá-lo a novas conclusões e, consequentemente, a uma nova maneira de pensar, alterando os componentes do padrão, como sentimentos, impulsos e comportamentos que lhe estão associados. A maneira de captar o ambiente e de pensar sobre ele estrutura a repetição, a qual pode ser alterada por uma nova aprendizagem. A psicanálise vista dessa forma une-se à aprendizagem, assim como já se uniu à genética. E quem sabe esse caminho não leve a uma técnica única de psicoterapia, unindo psicanálise a terapias cognitivo-comportamentais, uma vez que tratam de determinismos?

Mas não é só a percepção subjetiva que propicia a repetição. Na verdade, ela propicia a repetição porque, subjacente a ela, existe o processo associativo. O processo associativo que acopla o presente ao passado, fazendo com que a percepção venha eivada de subjetividade, é, em última instância, o responsável pela repetição, pelo aprisionamento do indivíduo a um padrão psicológico que se repete.

O fato de o processo associativo arrastar o passado para o presente, de propiciar o trajeto de sentimentos, emoções, pensamentos, ideias e impulsos do passado para o momento atual torna-o também responsável pela dinâmica da mente. Mas não é só o arrastar do passado que o faz responsável por essa dinâmica. O processo associativo também é responsável pela reação em cadeia dentro do padrão repetitivo. Essa reação em cadeia faz com que um componente psicológico do padrão, quando ativado pelo estímulo do meio ambiente e pela percepção subjetiva, se associe a outro, que se associa a outro e a outro, como é o caso da percepção que gera um sentimento ou uma emoção que gera um pensamento, que gera um impulso que, por sua vez, gera um comportamento, não necessariamente nessa ordem. Mas isso ainda precisa ser mais estudado.

Essa ideia de teia associativa criada por uma reação em cadeia interligando vários componentes mentais encontra respaldo na biologia cerebral e na neurociência, que estudam a rede interligada formada pelas estruturas cerebrais. O cérebro, portanto, também possui uma teia associativa, levantando a hipótese de haver uma correlação entre as teias cerebral e mental, o que é provável, haja vista que cérebro e mente estão interligados.

O estudo da teia associativa é um caminho promissor para entender melhor não apenas o funcionamento da mente, seus mecanismos e sua dinâmica; ele abre um campo de pesquisa para o estudo da correlação mente/cérebro.

REFERÊNCIAS

• • •

Carey, B. (2008). Pesquisa mapeia a rede de funcionamento cerebral. Acessado em 10 abril, 2012, em <http://g1.globo.com/Noticias/Ciencia/0,,MRP 638825-5603,00.html>.

Freud, S. (1969/1912). A dinâmica da transferência. In: J. Salomão (Org.). *Edição Standard Brasileira de Obras Completas de Sigmund Freud* (v. XII. pp. 131-143). Rio de Janeiro: Imago.

Freud, S. (1969/1914). Recordar, repetir e elaborar (Novas recomendações sobre a técnica da Psicanálise II). In: J. Salomão (Org.). *Edição Standard Brasileira de Obras Completas de Sigmund Freud* (v. XII, pp. 191-193). Rio de Janeiro: Imago.

Joseph, B. (1990/1985). Transferência: a situação total. (V. S. S. Starzynski, Trad.). In: E. Bott Spillius (Org.). *Mélanie Klein hoje: desenvolvimento da teoria e técnica.* (v. 2, pp. 76-88). Rio de Janeiro: Imago.

Kandel, E. (2003). A biologia e o futuro da psicanálise: um novo referencial intelectual para a psiquiatria revisitado. *Revista de Psiquiatria do Rio Grande do Sul,* 25(1):139-165, jan/abr. 2003.

Lispector, C. (1998). A *paixão segundo G. H.* Rio de Janeiro: Rocco.

Llosa, M. V. (1971). História secreta de um romance. In: Llosa M. V. A *casa verde*. Rio de Janeiro: Nova Fronteira.

Malcolm, R. R. (1989/1986). Interpretação: o passado no presente. In: E. M. Rocha Barros (Org.). *Mélanie Klein: evoluções*. São Paulo: Escuta.

Pereira, L. da V. (2005). *Sequenciaram o genoma humano – e agora?* (Coleção Polêmica, 2. ed. reform.). São Paulo: Moderna.

Ridley, M. (2001). *Genoma: a autobiografia de uma espécie em 23 capítulos*. Rio de Janeiro: Record.

Zaslavsky, J, & Santos, M. J. P. (2005). Contratransferência em psicoterapia e psiquiatria hoje. *Revista de Psiquiatria do Rio Grande do Sul*, 27(3), 293-299.

Impresso por :

gráfica e editora

Tel.:11 2769-9056